陕西省社会科学院陕西人文社会科学文库基金资助项目

唐宋时期敦煌社会消费研究

物质生活与精神景象

敦煌

马燕云 著

甘肃人民出版社

图书在版编目（CIP）数据

唐宋时期敦煌社会消费研究 / 马燕云著. -- 兰州：甘肃人民出版社，2023.10
ISBN 978-7-226-05788-9

Ⅰ. ①唐… Ⅱ. ①马… Ⅲ. ①社会生活－消费文化－研究－敦煌－唐宋时期 Ⅳ. ① D691.9

中国版本图书馆CIP数据核字(2022)第003582号

策划编辑：肖林霞
责任编辑：袁　尚
封面设计：马吉庆

唐宋时期敦煌社会消费研究

马燕云　著

甘肃人民出版社出版发行

（730030　兰州市读者大道568号）

兰州银声印务有限公司印刷

开本 787 毫米×1092 毫米　1/32　印张 7.25　插页 2　字 160 千
2023 年 10 月第 1 版　　2023 年 10 月第 1 次印刷
印数：1~1000

ISBN 978-7-226-05788-9　　定价:68.00 元

内容提要

有关唐宋时期敦煌社会消费的研究，学界尚处在起步阶段，本书在前辈学者研究的基础上，参考大量敦煌文献和相关传统历史文献，以社会史、社会学的相关理论和方法作为切入的新视角、新途径，对唐宋时期敦煌地区社会各群体的生活消费进行系统研究，通过解析生活消费的表象行为，揭示出隐匿于其后的该历史时期区域社会秩序与文化认同之间的互动与联系，以期对读者了解当时敦煌地区整体社会生活的完整性有所裨益。

全书除绪论和结束语部分外，主体章节共分五章。第一章概述与消费生活相关的唐宋时期敦煌自然生态环境和社会文化环境，通过对社会各群体收入来源的分析，指出当时的群体消费结构。第二章论述社会各群体衣、食、住、行四方面的消费行为，指出基本生存的消费生活是构建群体文化认同的基础。第三章通过对人生仪礼消费之教育、婚丧、祭礼等方面消费生活的探讨，指出表面看似束缚于社会等级制度的消费行为，在与人生大事相关的消费活动中也有某种程度的突破，并以无形的方式在社会群体中进行着文化渗透。第四章通过对岁时娱乐消费生活的解析，指出文化认同在日常生活中的实践及作用。第五章主要通过对以寺院为主要场所的宗教消费生活的论述，指出社会各群体在信仰力量的推动下，以寺院这个特殊的空间为基础，进行着不同社会力量之间的联结和交换。

目录
Contents

绪论
- 1　一、选题缘起
- 6　二、学术研究回顾
- 20　三、研究思路
- 23　四、概念界定
- 26　五、研究资料

第一章　唐宋时期敦煌消费的社会生态环境
- 28　一、生态环境
- 30　二、社会环境
- 37　三、消费观念的演变阶段
- 43　四、消费观念演变的原因
- 45　五、唐宋时期敦煌的消费市场
- 46　六、唐宋时期敦煌的消费群体结构

第二章 衣食住行消费：文化认同的构建

- 60　一、服饰消费
- 72　二、饮食消费
- 108　三、居宅消费
- 119　四、行旅消费

第三章 人生仪礼消费：文化认同的渗透

- 128　一、教育消费
- 137　二、婚丧消费
- 150　三、祭礼消费

第四章 游戏娱乐消费：文化认同的实践

- 161　一、竞技消费
- 174　二、游戏消费
- 183　三、舞蹈消费

第五章 宗教信仰消费：社会交换的实现

- 186　一、佛教信仰消费
- 190　二、道教信仰消费

结束语

193 一、唐宋时期敦煌地区消费的特点

197 二、对唐宋时期敦煌社会消费研究的再思考

参考文献

201 一、古籍

202 二、敦煌吐鲁番文献

206 三、专著及论文集

218 四、期刊及论集文章

221 五、学位论文

后记

绪　论

一、选题缘起

自1909年王仁俊先生首刊《敦煌石室真迹录》[①]至今，敦煌学已走过百余年历程，前辈学者著述丰硕。但正如荣新江先生所讲："最近二十年来，中国史学界正经历着重大的转折，一方面是史料的迅速数字化，使得史料的收集和整理变得容易起来；另一方面是相关社会科学理论和方法的借鉴，使得中国历史研究的课题更加广泛。敦煌文献的整理与研究，虽然属于比较传统的研究领域，但也经历着同样的过程，也受到'新史学'的冲击。"[②]那么，在冲击之下，该选择什么样的角度与方法来解读唐宋时期的敦煌社会呢？

唐宋时期，是中国古代地主制经济形成与发展的重要时期，

[①] 王仁俊辑印：《敦煌石室真迹录》，国粹堂石印本，宣统元年（1909）。
[②] 余欣：《神道人心：唐宋之际敦煌民生宗教社会史研究》，北京：中华书局，2006年，第1页。

也是敦煌历史上的社会转型时期。"与前代相比,绿洲的孤立性更加明显,在人员交流被限制的同时,帝国的一元统治制度也取代了在这个狭小地域里形成的各种集团的自治体制。值得注意的是这个如此边远、孤立的社会与中原社会的进化能够并行发展的过程。我们可以认为,敦煌作为中国社会的一个组成部分,它包含了能与中原社会共同发展的诸多因素。"① 究竟是一种怎样的发展过程,又包含哪些因素呢?池田先生讲的这个"并行发展的过程",不仅是简单的经济问题,更是包含有诸多因素的社会问题。

吕思勉先生认为,史学的根本就在于认识社会整体及其变迁,历史学者是研究人类社会之沿革,从而认识其变迁进化之因果关系的人;历史学是研究社会进化现象的一部分。研究史学就是用种种科学的眼光研究所存的材料,以便说明社会进化的现象,这是朴素的、正确的历史发展观点②。

应该选择一个怎样的视角去审视这段"过程"呢?

"人类社会是在征服、利用自然的活动中形成的,随着社会生产力的发展、生产方式的不断变化,社会生产不断为人们提供衣食住行的物质资料,保证了人们的消费,然后可以从事其他社会劳动。所以人类的历史活动,首先是以满足生活需要的衣、食、

---

① 〔日〕池田温著,张铭心、郝轶君译:《敦煌文书的世界》,北京:中华书局,2007年,第19页。

② 杨宽:《吕思勉先生的史学研究》,俞振基:《蒿庐问学记——吕思勉生平与学术生活》,北京:三联书店,1996年,第4—33页。

住、行生活资料的消费为基础的。"① 既然消费是人类历史活动的基础,那么站在"消费"的角度,就是解读不同历史时期人类活动、自下而上审视社会变迁的最佳角度之一。

1900年,5万余件敦煌文献随莫高窟藏经洞的开启而问世。在这些文献中,保存了大量与收入和支出相关的珍稀文献,涉及当时社会生活的方方面面。与同时代的传统文献相比,它们更加鲜活。又因敦煌特殊的地理位置和历史背景,使它们既具地域特色又具时代共性。张国刚先生讲:"研究中古历史,其资料无疑较上古秦汉为丰富,然而较之印刷术发明以后的宋元明清以来的近世却相形见绌,因此或谓治中古史乃以不多不少之资料研究不今不古之学问。由于社会史主要关心的是下层社会、民间社会,而官方记录大多重视'帝王将相'的荣辱兴衰,所以要研究中古社会史,特别是地域史、人口史、婚姻史、家庭史等,单凭官方记载便有捉襟见肘之虞,而敦煌文献恰恰弥补了这方面的不足。"②

因而,有效运用相关敦煌文献,并与传统历史文献互相补证,还历史以血肉,在"新史学"大背景下,借鉴社会学、社会史的相关理论,以"消费"角度切入,尽力恢复、模拟那个"并行发

---

① 常建华:《社会生活的历史学:中国社会史研究新探》,北京:北京师范大学出版社,2004年,第195页。

② 张国刚:《敦煌文献与中古社会研究:纪念敦煌石室遗书发现百年》,光明日报,2000年6月23日历史周刊。

展的过程"①，以期揭开唐宋时期敦煌社会群体消费行为与区域社会变迁之间关系之谜的课题研究，具有重要的学术意义。

"所谓'历史'，包含有三层意思：人类社会过去的发展过程；对过去的事的记载；人的历史认识。"②研究历史的意义之一就在于揭示过去、明示现在，正所谓以史为鉴。而回溯历史，与此相对。太史公司马迁曾言："居今之世，志古之道，所以自镜也，未必尽同。"历史不能重复，以"消费"作为解剖手段，围绕唐宋时期敦煌社会群体生活进行相对客观的解读，是否能对今日现实社会有所裨益呢？

"现实社会建立在过去社会的基础之上，历史研究应该注重与今天的现实社会接轨，史学研究者应该通过自身的创造性劳动为社会提供有现实价值的精神产品。"③正是基于这种思想，我们选择了本书所涉内容的研究工作。

唐宋时期，正值中国历史上的变革时期。有关"唐宋变革论"的学术纷争，自日本学者内藤湖南于1910年提出，④百年来就未

---

① 〔日〕池田温著，张铭心、郝轶君译：《敦煌文书的世界》，北京：中华书局，2007年，第19页。
② 宁可：《什么是历史：历史科学理论学科建设探讨之二》，《河北学刊》，2004年第6期，第145—150页。
③ 李明伟：《清末明初中国城市社会阶层研究》，北京：社会科学文献出版社，2005年，第2页。
④ 〔日〕内藤湖南著：《概括的唐宋时代观》，刘俊文主编，黄约瑟译：《日本学者研究中国史论著选译第一卷（通论）》，北京：中华书局，1992年，第10—18页。

曾停止过①。纷纭众说之中,唐宋时期是中国历史上的转型期、变动期的看法却几乎没有什么分歧。而该历史时期的敦煌社会是否能够代表当时中国的全貌呢?如宁可先生所讲:"敦煌是中国的一个部分,具有共性。有许多问题,在过去的传世文献中或者记载笼统、语焉不详,或者记载缺失,或者尚多歧义,而藏经洞文献对之却有当时的具体细致详实的记录,这就大大有助于探明这些问题的真相,廓清疑误。"②又如荣新江先生所讲:"我们从文献和绘画中,可以看到社会各个阶层的物质生活与精神文化的不同景象。这样丰富多彩的立体画面,是在敦煌之外很难集中找到的,为社会史和文化史的研究提供了不可多得的素材。"③消费是人类重要的生活方式之一,在社会历史发展过程中受到多种社会因素的深刻影响。围绕唐宋时期敦煌社会群体消费研究进行的探索活动,可以为这段历史的研究工作提供另一种研究思路和史料分析手段。

古道虽不尽同于今世,但作为"自镜"的历史仍不失其一定的现实意义。目前,中国正处于社会转型时期,在外来文化冲击

---

① 〔美〕包弼德著,刘宁译:《唐宋转型的反思:以思想的变化为主》,刘东主编:《中国学术》(第三辑),北京:商务印书馆,2000年,第63—87页。张广达:《内藤湖南的唐宋变革说及其影响》,邓晓南、荣新江主编:《唐研究》第十一卷(唐宋时期的社会流动与社会秩序研究专号),北京:北京大学出版社,2005年,第5—71页。

② 宁可:《敦煌文献与中国历史研究》,宋家钰、刘忠编:《英国收藏敦煌汉藏文献研究:纪念敦煌文献发现一百周年》,北京:中国社会科学出版社,2000年,第15—18页。

③ 荣新江:《敦煌学十八讲》,北京:北京大学出版社,2001年,第367页。

之下，如何能让民众消费方式的转变与社会结构变迁之间平稳调整、和谐共处，唐宋时期敦煌社会群体消费研究就具有一定程度上的启示与借鉴意义。

二、学术研究回顾

关于唐宋时期敦煌社会群体消费问题的研究，目前尚处在起步阶段，可借鉴的直接相关学术成果相对较少。本书是在前辈学者的研究基础之上展开的探讨和分析。因此，这里首先将与敦煌社会生活史研究相关的理论著作作一简单回顾。

在《中国敦煌学史》[①]中，林家平、宁强、罗华庆三位先生将1909—1983年的敦煌学发展历程分为5个时期，这种划分标准主要以整个敦煌学的发展历程为基础。其后，余欣先生将范围缩小至"敦煌社会史"，时间跨度延续至今，分为4个时期，即古典时期（1909—1937年），停滞时期（1938—1949年），初步展开时期（1950—1978年），繁荣时期（1979年至今）[②]。本书在研究方法论上与余欣先生有相似之处，即都以社会史相关理论为研究手段；不同之处在于，余欣先生侧重于民生宗教社会史研究，本书侧重于社会群体消费生活史研究，因而时期划分与前辈学者略有不同。

现以敦煌学的发展历程为时间线索，依次对本书所涉及相关

[①] 林家平、宁强、罗华庆：《中国敦煌学史》，北京：北京语言学院出版社，1992年。
[②] 余欣：《神道人心：唐宋之际敦煌民生宗教社会史研究》，北京：中华书局，2006年，第31页。

内容的研究现状作一简单评述。

（一）敦煌社会生活史研究的兴起阶段（1909—1949年）

清光绪二十六年（1900年），随着莫高窟藏经洞的开启，5万余件敦煌文献重见天日。但由于信息闭塞，直至1909年，中国学界才通过伯希和获知敦煌文献被发现的消息。

1909年，王仁俊《敦煌石室真迹录》①收录《金光明寺故索法律邀真赞并序》《大蕃故敦煌郡莫高窟阴处士公修功德记》《翟家碑》《武达儿牒》等一批碑赞牒状类杂文书30余件，并作了按语。同年底或翌年初，吴县蒋斧所辑《沙州文录》（罗振玉编印《沙州文录》铅印本）中的《瓜州牒状》《马军武达儿上司空牒》《陈彦等献物牒》《又谢司空赐物牒》《又上司空献酒牒》《又献物状》等也属社会文献。1924年，上虞罗福苌辑录的《沙州文录补》②收录有《唐先天二年平康乡残户籍》《敦煌悬泉乡残户籍》《大顺二年残户籍》《唐索咄儿牒》《康再荣建宅文》《贷粟历》《乡邻结义赈约》《宋史范三立嗣约》等反映社会经济的户籍、牒状、契约、社条文书，将敦煌文献辑录的范围从"四部书"扩大到社会文书。1925年6月，刘复在马赛辑录的《敦煌掇琐》，包括《宅舍图》《户状》《户籍》《差科簿》各1件，反映经济关系的各类契券、凭据、案卷、牒状等20余件。关于这些文书的价值，蔡元培在《敦煌

---

① 王仁俊：《敦煌石室真迹录》，台北：艺文印书馆，1974年。
② 中国西北文献丛书续编编撰委员会：《中国西北文献丛书续编：敦煌学文献卷18》，兰州：甘肃文化出版社，1999年，第485页。

掇琐序》中评价为："这些写本，于佛经写本的三种关系[①]以外还有两种重要的关系：一是可以见当时社会状况的断片，一是可以得当时通俗文词的标本。"[②] 关于所录文书的分类，刘复在《敦煌掇琐》前言中写道："以上文件一百零四种，都是从法国国家图书馆所藏敦煌写本中录出，依照性质分类：关于民间文学的，归入上集；关于社会情事的，归入中集；关于语言文字的，归入下集。换句话说，上集是文学史的材料，中集是社会史的材料，下集是语言史的材料。"[③] 虽没有社会生活史概念的直接引入，但其中也有不少社会生活史料。1936年，陶希圣《食货》半月刊4卷5期《唐户籍簿丛辑》专刊将当时见于中日文书籍、杂志的20件敦煌户籍、丁籍收集、刊布，对于社会组织结构的研究和敦煌学研究范围的扩大都具有重要意义。

与中国敦煌社会生活史研究兴起相对缓慢的状况相比，日本敦煌学界取得了较多成果。就社会生活史研究来说，出现了国内无人涉足的关于寺院经济文书和社邑文书等世俗文献的整理和研究工作。主要代表人物是那波利贞，研究成果有：《梁户考》[④]

[①] 蔡元培"于佛经写本的三种关系"是指：一可以校经文的异同，二可以见当时的别字，三可以看当时普通人的书法。

[②] 刘复：《敦煌掇琐》，黄永武编：《敦煌丛刊初集》（十五），台北：新文丰出版公司，1985年，第3页。

[③] 刘复：《敦煌掇琐》，黄永武编：《敦煌丛刊初集》（十五），台北：新文丰出版公司，1985年，第18—19页。

[④] 〔日〕那波利贞：《梁户考》，《支那佛教史学》第2卷，第1、2、4号，1938年。

《唐代の社邑に就きて》①《佛教信仰に基きて組織せられたる中晚唐五代时代の社邑に就きて》②《中晚唐时期敦煌地区佛教寺院的碾硙经营》③《中晚唐时代佛教寺院钱谷布帛类放贷营利经营实况——根据敦煌发现文书》④《唐钞本〈杂抄考〉——唐代庶民教育研究史の一资料》⑤。

这一时期，敦煌社会生活史研究尚在起步，但是中外敦煌学者孜孜不倦的研读和尝试，已为社会生活史研究工作的发展奠定了基础，并且已将"社会史"作为敦煌学研究领域的分支之一。而且，这一时期的研究时间范围也多集中于中晚唐时段。

（二）敦煌社会生活史研究的发展阶段（1950—1978年）

中华人民共和国成立之后，受马克思主义史学的影响，经济史成为研究的主要课题之一，特别是均田制、租佃制和赋役制度的研究成果很多，其中不乏争论的热点问题，如对于唐代均田制

---

① 〔日〕那波利贞：《唐代の社邑に就きて》，《史林》第23卷，第2、3、4号，1938年。

② 〔日〕那波利贞：《佛教信仰に基きて組織せられたる中晚期唐五代の社邑に就きて》，《史林》第24卷，第3、4号，1939年。

③ 〔日〕那波利贞：《中晚唐时期敦煌地区佛教寺院的碾硙经营》（上、下），《东亚经济论丛》第1卷第3、4期，1941年，第23—51页，第87—114页；第2卷第2期，1942年，第165—186页。

④ 〔日〕那波利贞：《中晚唐时代佛教寺院钱谷布帛类放贷营利经营实况——根据敦煌发现文书》，《支那学》第10卷第3期，1941年，第103—180页。

⑤ 〔日〕那波利贞：《唐钞本〈杂钞〉考——唐代庶民教育研究史の一资料》，《支那学》1942年第10卷。

是否实施等问题的研究^①。1961年《敦煌资料》第1辑^②的问世，更是推动了经济史的研究工作。

经济史研究无疑是帮助我们了解唐宋时期敦煌社会的一种有效途径。而中国学者利用敦煌文献研究唐宋时期敦煌社会生活史的工作，也在这一阶段得以发展，研究成果陆续刊布。主要有赵守俨先生的《唐代婚礼俗考》[③]，依据敦煌写本《新集吉凶书仪》和《下女夫词》中的婚礼文献，描绘出唐代婚礼过程，考证了这些礼俗的渊源。毛汉光先生的《敦煌唐代氏族谱残卷之商榷》[④]，从社会史角度考察了北图藏《姓氏录》和英藏《新集天下姓望氏族谱》，认为这两件谱系是流行于士大夫间的民间族谱，并分析了关于族谱标准论证的社会意义。这也可看作是运用相关敦煌文献进行社会意义探讨的研究，是迈向社会生活史研究的重要一步。

---

① 参阅：(1)邓广铭：《唐代租庸调法研究》，《历史研究》，1954年第4期，第67—88页。(2)岑仲勉：《租庸调与均田有无关系》，《历史研究》，1955年第5期。(3)韩国磐：《唐代的均田制与租庸调——对邓广铭同志"唐代租庸调法的研究"一文的商榷》，《历史研究》，1955年第5期，第79—90页。(4)胡如雷：《唐代均田制研究》《历史研究》，1955年第5期，第93—118页。(5)李必忠：《唐代均田制的一些基本问题的商榷——兼质邓广铭先生》，《四川大学学报（社会科学版）》，1955年第2期，第183—194页。(6)韩国磐：《根据敦煌和吐鲁番发现的文件略谈有关唐代田制的几个问题》，《历史研究》，1962年第4期，第152—163页。(7)唐耕耦：《从敦煌吐鲁番资料看唐代均田令的实施程度》，《山东大学学报（历史版）》，1963年S1期，第20—41页。

② 中国科学院历史研究所编：《敦煌资料》（第1辑），北京：中华书局，1961年。

③ 赵守俨：《唐代婚姻礼俗考略》，《赵守俨文存》，北京：中华书局，1998年，第13—31页。

④ 毛汉光：《敦煌唐代氏族谱残卷之商榷》，《历史语言研究所集刊》第43本第2部分，1971年，第259—276页。

其后，罗宗涛先生的《敦煌变文社会风俗事物考》①，分类摘录敦煌变文、敦煌曲、敦煌韵文中的社会风俗资料，将其归纳为十四大类进行考证，即饮食、衣饰、建筑、行旅、家族与奴婢、婚姻、丧纪、教育、信仰、经济、娱乐、社交礼仪、俗谚俗典、狱讼。由于文学作品中包含有很多社会生活方面的内容，所以也可视为敦煌社会生活史成果的一部分。

这一时期，日本和法国学者也取得了不少成果。如竺沙雅章对社文书和寺户的研究②。谢和耐的经典之作《中国五—十世纪的寺院经济》③，从社会学的角度研究寺院教团及僧尼税务、财产、土地经营与商业借贷方面的问题。藤枝晃发表的一系列关于蕃占时期和归义军统治时期的政治史以及敦煌营建史方面的论文④⑤，厘清了唐宋时期敦煌历史的若干问题。此外，金冈照光的《敦煌的民众——其生活与思想》⑥，也是一篇关于敦煌民众生活根源探

---

① 罗宗涛：《敦煌变文社会风俗事物考》，台北：文史哲出版社，1974年。
② 参阅：(1)〔日〕竺沙雅章：《敦煌出土"社"文书の研究》，《东方学报》，1964年35期，第215—288页。(2)〔日〕竺沙雅章：《"論説"敦煌の寺户について》，《史林》，1961，44(5)：704—737。竺沙雅章：《论敦煌的寺户》，刘俊文主编、许洋主译：《日本学者研究中国史论著选译》第7卷，北京：中华书局，1993年，第316—360页。
③〔法〕谢和耐著，耿升译：《中国五—十世纪的寺院经济》，兰州：甘肃人民出版社，1987年。
④〔日〕藤枝晃：《吐蕃支配期の敦煌》，《东方学报》，第31册，1961年，第199—292页。
⑤〔日〕藤枝晃：《敦煌千佛洞の中兴：张氏诸窟を中心とした九世纪の佛窟造营》，《东方学报》，第35册，1964年，第63—77页。
⑥ 金冈照光：《敦煌的民众——其生活与思想》，竹下みな：《东洋人的行动与思想》(8)，东京：株式会社评论社，1972年。

讨的普及性与学术性兼具的著述。

（三）敦煌社会生活史研究的繁荣阶段（1979年至今）

这一时期，对于唐宋时期社会生活史的研究，著述丰硕。现仅作简单评述。

在经济发展方面，宁可先生在《中国经济发展史·隋唐五代经济卷》①一书中认为，隋唐五代在中国古代历史上是一个承上启下的时期，中国封建经济从此开始进入一个新的阶段。他在尽力吸收已有的大量研究成果的基础上，从农业、土地关系、手工业、商业、城市和交通、区域经济、财政诸方面论述这一转变过程，尤其着力于土地关系与商品经济方面，作了较为详尽的阐述。

在城市消费方面，吴晓亮在《从城市生活变化看唐宋社会的消费变迁》②中认为，唐宋时期是中国古代社会的一个重要转型期。随着社会经济的发展，物质生产和商品交换水平不断提高，使民众享有更好的物质消费与更高水平的精神消费成为可能。在城市中，随着生存性消费品的充裕和富足、精神及享乐性消费的多样化与大众化，发展性消费日益受到重视，且社会化程度不断加深，其中又以各种消费的日益市场化为重要特征，反映出这一时代的变化。张剑光、张洁在《唐代城市消费的方式、水平和结

---

① 宁可：《中国经济通史·隋唐五代经济卷》，北京：经济日报出版社，2000年。
② 吴晓亮：《从城市生活变化看唐宋社会的消费变迁》，《中国经济史研究》，2005年第4期，第79—87页。

构研究》①中指出，唐代城市商业经济有着较快的发展，城市居民的日常消费与市场紧密相连。城市中各个阶层虽然与市场的联系程度不太一致，但逐渐密切是共同的发展趋势。城市中的消费水平有高有低，既有官员贵族和富商们的高消费，也有普通工商业者衣食丰足的消费，还有普通市民的低消费。因此表现在消费结构上，不同的消费水平其消费结构是完全不一样的，而且不同社会阶层的消费结构也各有其特殊性。

关于消费风俗方面，吴玉贵先生在《中国风俗通史·隋唐五代卷》②一书中，详细探讨了隋唐五代时期的饮食、穿着、居住与建筑、丝绸之路与行旅交通、生育与养老保健、婚姻、丧葬、生产、信仰、节日、音乐歌舞戏曲、百戏与游艺等风俗，是目前对隋唐五代风俗综合研究的最新成果。该书还涉及了当时不同社会阶层的衣食住行用等方面的消费风俗。

在消费经济方面，傅筑夫在《中国封建社会经济史》③第4卷中，对唐宋时期社会经济的发展状况进行了全面的研究。王赛时的《唐代的夜生活》④，从夜间的宴饮生活、夜间的娱乐生活、节令夜生活等几个方面论述了唐代的夜生活。当时人们已经学会在辛苦操劳之后去主动娱乐消遣，淡化生存旅途中的紧张与疲劳。

---

① 张剑光、张洁：《唐代城市消费的方式、水平和结构研究》，《吉林大学社会科学学报》，2006年第2期，第143—152页。
② 吴玉贵：《中国风俗通史·隋唐五代卷》，上海：上海文艺出版社，2001年。
③ 傅筑夫：《中国封建社会经济史》（第4卷），北京：人民出版社，1986年。
④ 王赛时：《唐代的夜生活》，《东岳论丛》，2000年第4期，第104—108页。

伴随着唐代社会的进步与发展,夜生活终究在多个领域内活跃起来,成为人们现实生活中的重要需求。黄正建的《论唐代前期皇帝消费的某些侧面》①一文,通过对《通典》卷六所记常贡材料的研究,认为其源于原始的"式",特别是记录了物品的数量,是十分难得的研究唐代社会消费生活的资料。

另外,张泽咸的《唐代阶级结构研究》②一书,结合传世文献与出土文书全面研究了唐代社会各阶级、阶层的基本状况,并对各阶级变动的源流作了探讨。牛志平所著《唐代婚丧》③一书,对唐代婚姻和丧葬的状况进行了总体考察,对深入理解唐代社会大有裨益。

那么,这一时期敦煌学界内的社会生活史研究又是怎样的状况呢?

随着敦煌缩微胶卷、《敦煌宝藏》④影印本以及一系列质地优良的写本影印图册⑤的出版,使得敦煌研究资料条件得以极大地完善。在此基础之上,学术界推出了为数众多的辑校成果:1979年,池田温先生的《中国古代籍帐研究》⑥由东京大学出版会刊行,不仅对帐籍制度作了考证,而且校录了许多有很高研究价值的社

---

① 荣新江主编:《唐研究》(第6卷),北京:北京大学出版社,2000年,第173—221页。
② 张泽咸:《唐代阶级结构研究》,郑州:中州古籍出版社,1996年。
③ 牛志平:《唐代婚丧》,西安:三秦出版社,2011年。
④ 黄永武:《敦煌宝藏》(1—140),台北:新文丰出版公司,1982—1986年。
⑤ 具体文献请参阅正文后"参考文献"之"敦煌吐鲁番文献"。
⑥〔日〕池田温著,龚泽铣译:《中国古代籍帐研究》,北京:中华书局,2007年。

会经济类文书；唐耕耦、陆宏基主编的《敦煌社会经济文献真迹释录》①，录有各类敦煌社会经济文书34类、1664件文献，是迄今为止收集最为全面的一部敦煌社会经济文献录文集，也是20世纪80年代中期至90年代中期许多学者最为常用的必备书籍；而另一套《敦煌文献分类录校丛刊》的陆续出版，更是为敦煌社会生活史的研究拓宽了领域。

姜伯勤先生自20世纪70年代末发表了一系列重要论文，并先后结集出版。如《敦煌社会文书导论》②，就礼仪、氏族、学校与礼生、选举、良贱、城乡、教团、社等8个方面概略论述了敦煌文献中所展现的唐宋时期社会风貌，试图构建起以礼仪为主线的敦煌社会史框架；《敦煌艺术宗教与礼乐文明》③中的"礼乐篇"，则利用敦煌文书深入考索了唐代礼乐的演变。

有关姓望和氏族的文书因有助于了解士族地主的衰亡过程，以及考察由此反映的社会根源，从而引起了众多学者的关注。王仲荦《〈新集天下姓望氏族谱〉考释》④《敦煌石室出残姓氏书五种考释》⑤等论文，录校并结合文献考释了一批有关姓望和氏族的

---

① 唐耕耦、陆宏基：《敦煌社会经济文献真迹释录》（第1辑），北京：书目文献出版社，1986年。唐耕耦、陆宏基：《敦煌社会经济文献真迹释录》（第2—5辑），北京：全国图书馆文献缩微复制中心，1990年。

② 姜伯勤：《敦煌社会文书导论》，台北：新文丰出版公司，1992年。

③ 姜伯勤：《敦煌艺术宗教与礼乐文明》，北京：中国社会科学出版社，1996年。

④ 王仲荦：《〈新集天下姓望氏族谱〉考释》，《𪩘华山馆丛稿》，北京：中华书局，1987年，第365—447页。

⑤ 王仲荦：《敦煌石室出残姓氏书五种考释》，《𪩘华山馆丛稿》，北京：中华书局，1987年，第448—460页。

文书。唐耕耦《敦煌四件唐写本姓望氏族谱残卷研究》①,亦对一些姓望氏族谱作了录校,并据之探讨了郡姓的发展演变。一些学者开始分别对敦煌地区的郡望和大姓进行考察。荣新江在《敦煌卷子札记四则》②中探讨了敦煌的望族"清河张氏"和"南阳张氏"的渊源、异同及其社会意义。邓文宽在《归义军张氏家族的封爵与郡望》中,讨论了敦煌"南阳郡开国公"封爵和"南阳张氏"郡望的由来与相互关系。孙晓林《汉—唐十六国敦煌令狐氏述略》③对敦煌的大姓之一——令狐氏的兴衰作了全面考察。1983年,孙修身《敦煌李姓世系考》④一文考证了敦煌李姓的渊源及其世系,马德《敦煌李氏世系订误》⑤又有所补充。

人口方面,一些学者尝试利用敦煌文献中的资料探讨唐代敦煌的家庭结构与人口结构。熊铁基的《以敦煌资料证传统家庭》⑥,认为敦煌文献中所反映的家庭,基本上与中国古代传统家庭的特点一致。杨际平的《平均寿命与家庭结构、家族规模——敦煌籍帐研究》,依据敦煌籍帐编制了5—10世纪敦煌家庭结构类型表,

---

① 唐耕耦:《敦煌四件唐写本姓望氏族谱残卷研究》,《敦煌吐鲁番文献研究论集》(第2辑),北京:北京大学出版社,1983年,第212—280页。
② 荣新江:《敦煌卷子札记四则》,《敦煌吐鲁番文献研究论集》(第2辑),北京:北京大学出版社,1983年,第631—673页。
③ 孙晓林:《汉—唐十六国敦煌令狐氏述略》,《北京图书馆馆刊》,1996年第4期,第92—96+24页。
④ 孙修身:《敦煌李姓世系考》,《西北史地》,1983年第3期,第36—47页。
⑤ 马德:《敦煌李氏世系订误》,《敦煌研究》,1992年第4期,第87—90页。
⑥ 熊铁基:《以敦煌资料证传统家庭》,《敦煌研究》,1993年第3期,第73—78页。

分析了不同时期、不同类型家庭数量变化及其原因，并考察了时人的平均寿命与家族的规模。①杨际平、郭锋、张和平的《五—十世纪敦煌的家庭与家族关系》②，收录了5—10世纪敦煌户籍资料中的126户相对比较完整的家庭资料，详细讨论了这100多个家庭的家庭形态、人口结构和婚姻状况，是敦煌地域家庭生活史研究的重要著作。郑学檬的《七世纪后期至八世纪后期敦煌县人口试析》③，指出当时存在男女比例、劳力与非劳力比例不合理的现象，并分析了当时人口增殖缓慢的原因。冻国栋的《唐代人口问题研究》④，探讨了沙州地区的家庭结构与人口结构。

婚姻生活方面，谭蝉雪先生的《敦煌婚姻文化》⑤，在整理、录校敦煌文献中有关婚姻文化资料的基础上，结合敦煌壁画中的相关资料探讨了唐宋时期沙州地区婚嫁、生育习俗。卢向前《唐代胡化婚姻关系试论》⑥，利用敦煌户籍、手实及其他资料探讨了胡族婚姻形态对唐代百姓、氏族的影响。

---

① 杨际平：《平均寿命与家庭结构、家族规模——敦煌籍帐研究》，敦煌研究院编：《段文杰敦煌研究五十年纪念文集》，西安：世界图书出版公司，1996年，第431－448页。
② 杨际平、郭锋、张和平：《五一十世纪敦煌的家庭与家族关系》，长沙：岳麓书社，1997年。
③ 郑学檬：《七世纪后期至八世纪后期敦煌县人口试析》，《敦煌学辑刊》，1984年第1期。
④ 冻国栋：《唐代人口问题研究》，武汉：武汉大学出版社，1993年。
⑤ 谭蝉雪：《敦煌婚姻文化》，兰州：甘肃人民出版社，1993年。
⑥ 卢向前：《敦煌吐鲁番文书论稿》，南昌：江西人民出版社，1992年。

社会组织方面,宁可、郝春文先生的《敦煌社邑文书辑校》①,在全面搜集资料的基础上,对社邑文书作了细致的录校和研究。他们合作或分别撰写的系列论文对社邑文书作了细致的排年,并对社邑的组织、活动及其与寺院的关系进行了探讨,还借助从这批文书中获得的认识结合石刻文字、文献资料对汉至唐及唐以后社邑发展的脉络作了进一步考察。卢向前先生深入探讨了文书中的马社②。郭锋也对社邑文书作过研究③。

生活习俗方面,黄正建先生发表的《敦煌文书与唐五代北方地区的饮食生活(主食部分)》④《唐朝住房面积小考》⑤等系列论文,对唐代的衣、食、住、行和社会交往等作了系统考察。邓文宽的《敦煌天文历法文献辑校》⑥及相关系列论文,对保存了许多社会生活和民俗资料的敦煌历法文献作了精细的录校和深入的研究。周一良、赵和平的《唐五代书仪研究》⑦,考证了敦煌书仪的源流、性质、类型和年代,并对书仪中保存的有关历史、社会生活、中外文化交流等方面的资料作了深入的探讨。赵和平的《敦煌写

---

① 宁可、郝春文:《敦煌社邑文书辑校》,南京:江苏古籍出版社,1997年。
② 卢向前:《敦煌吐鲁番文书论稿》,南昌:江西人民出版社,1992年。
③ 郭锋:《敦煌的"社"及其活动》,《敦煌学辑刊》,1983年,第80—91页。
④ 黄正建:《敦煌文书与唐五代北方地区的饮食生活(主食部分)》,武汉大学历史系魏晋南北朝隋唐史研究室编:《魏晋南北朝隋唐史资料》第11辑"唐长孺教授八十大寿纪念专辑",武汉:武汉大学出版社,1991年,第263—273页。
⑤ 黄正建:《唐朝住房面积小考》,《陕西师范大学学报(哲学社会科学版)》,1994年第3期。第123—124页。
⑥ 邓文宽:《敦煌天文历法文献辑校》,南京:江苏古籍出版社,1996年。
⑦ 周一良、赵和平:《唐五代书仪研究》,北京:中国社会科学出版社,1995年。

本书仪研究》①《敦煌表状笺启类书仪辑校》②,则对各类书仪进行了细致的录校。郝春文的《唐五代宋初敦煌僧尼的社会生活》③,除了以很小的篇幅叙述敦煌僧尼的宗教活动外,还着力勾勒出了敦煌僧尼世俗活动的诸面相。

敦煌文献中关于社会下层人民生活的资料也十分丰富。韩国磐先生《唐天宝时农民生活一瞥：敦煌吐鲁番资料阅读札记之一》④等论文,就专门论述了这方面的问题。马德先生在《敦煌工匠史料》⑤一书中认为,敦煌文献中展示的工匠大致分为两类：第一类是与社会生产和衣食住行生活直接相关的,包括石匠、铁匠、木匠、索匠、瓮匠、皮匠、鞋匠、金银匠、玉匠、泥匠、灰匠、鞍匠、弓匠、箭匠、胡禄匠等；第二类主要是从事文化艺术活动、最具敦煌特色的,包括画匠、塑匠、纸匠、笔匠等。第一类中的石匠、泥匠、木匠、铁匠,也曾参与了敦煌石窟的建造。

与此同时,国外学者在敦煌社会生活史方面的研究也在不断向前推进。自20世纪80年代初延续至90年代初,日本大东出版社出版的《讲座敦煌》系列,共9卷。其中第3卷《敦煌の社

---

① 赵和平：《敦煌写本书仪研究》,台北：新文丰出版公司,1993年。
② 赵和平：《敦煌表状笺启类书仪辑校》,南京：江苏古籍出版社,1997年。
③ 郝春文：《唐五代宋初敦煌僧尼的社会生活》,北京：中国社会科学出版社,1998年。
④ 韩国磐：《唐天宝时农民生活一瞥：敦煌吐鲁番资料阅读札记之一》,《厦门大学学报（社会科学版）》,1963年第4期,第59—71页。
⑤ 马德：《敦煌工匠史料》,兰州：甘肃人民出版社,1997年,第5—9页。

会》[①],分社会构成与发展、生产与流通、寺院与生活三个部分讲述,是研究敦煌中古社会的重要著作。法国童丕先生的《敦煌的借贷:中国中古时代的物质生活与社会》[②],运用经济史、社会史、农业史研究等方法,不仅分析了8—10世纪敦煌契约文书的格式与借贷原则,而且用大量的篇幅论述借贷契约所展示的敦煌社会生活场景。他以敦煌地区作为切入点,以借贷契约作为解剖手段,意图揭示8—10世纪中国社会生活和物质文化内容。

有关唐宋时期敦煌社会群体消费的研究工作,学界尚处起步阶段,多集中于对该历史时期敦煌社会民俗、经济、文化等方面的探讨。从"消费"角度切入并作为分析、论证主线的研究工作,数量较少,诸多薄弱领域和空白点仍需着力探讨。结合社会史与社会学的相关理论对此进行深入研究,是我们应为之努力的方向之一。

三、研究思路

稳步发展的历史学科,以及历经百年历程的敦煌学研究,其相关的探析方法和学术定位都非常成熟,似乎不用再过多地加以探究。但正因为面对"消费"这一新兴课题与领域,对恰当角度的选择与研究思路的发展,仍有必要作一交代。

在史学之外,有关"消费"的研究主要集中于经济学和社

---

① 〔日〕池田温:《讲座敦煌3:敦煌の社会》,东京:大东出版社,1980年。
② 〔法〕童丕著,余欣、陈建伟译:《敦煌的借贷:中国中古时代的物质生活与社会》,北京:中华书局,2003年。

会学两个领域，而与此直接相关的学科分别为"消费经济学"和"消费社会学"。究竟哪一个角度，或者说哪一个学科的研究方法与理论更适合解读唐宋时期敦煌地区的消费问题呢？在历史学科内，是否就有这样一种方法呢？在大量的文献搜索与反复思考之后，我们最终选择定位于社会史的研究视野之内。

从"精英政治史"到"普通民众史"，史学研究已拓展出对民众或是社会群体专题研究的新思路。而日常生活史的研究就属其中之一。"日常生活史研究'日常行为''在小群体层面上探寻历史动因'，认为历史画卷是具体的人在具体的生活实践中一笔笔描绘出来的。从具体著作看，他们关注的重点在衣食住行。但是在中国，日常生活史的研究并没有形成规模或形成学派，甚至没有引起人们的足够重视。"[1]张广达先生讲："特别是因为年鉴学派运用的模式和范畴多限制在中世纪社会，少数上溯到古代，这更加有助于研究唐史的人们在选择研究课题时扩展思路。学术思潮间接启发扩大选题的情况过去如此，未来也会如此。"[2]所以，在思索本课题的研究方法时，可以更多地借鉴西方年鉴学派理论[3]，以及20世纪70年代中期兴起于德国和意大利的日常生活

---

[1] 黄正建：《关于唐代日常生活史研究现状的思考》，《中国社会科学院院报》，2004年9月14日，003版。

[2] 张广达：《关于唐史研究趋向的几点浅见》，《中国学术》，2001年第1期，第289页。

[3] 以马克·布洛赫、吕西安·费弗尔、布罗代尔、勒高夫等人为代表的法国年鉴学派——新史学理论。

史派理论①。同时,日本学者谷川道雄先生《中国中世社会与共同体》②以及岸本美绪先生的《明清交替与江南社会》③中,关于共同体与社会变迁、历史转型时期民众状况论述时运用的研究理论,均为唐宋时期敦煌社会消费的研究拓展了思路。

本书以马克思主义的辩证唯物主义和历史唯物主义为指导,结合敦煌文献和相关传统历史文献资料展开研究。在理论与方法论上,注意适当吸收和借鉴社会史、社会学的相关理论与方法,使研究更加系统化、科学化。本书的论证和探究,只是想透过更为具体细致的研究,探讨唐宋时期敦煌地区各社会群体的消费生活,继而探究隐匿于消费行为之后的社会秩序的运转与维系,以期开启唐宋时期敦煌社会生活史的另一扇窗口,丰富对这段历史的认知。

本书两条主线。其一,探讨唐宋时期敦煌各社会群体消费生活之状况。从衣食住行的基本生存消费,到以鲜活姿态呈现于世的人生礼仪消费和岁时节日消费,力图多方位、深层次动态展现这一历史时期敦煌民众的消费生活。其二,透过消费层面探讨融合于生活之中的群体文化认同与社会变迁之间的联系,继而引出"秩序"这一概念。指出维护敦煌社会稳步发展的核心力量是社

---

① 刘新成:《日常生活史与西欧中世纪日常生活》,《史学理论研究》,2004年第1期,第35—47页。

② 〔日〕谷川道雄著,马彪译:《中国中世社会与共同体》,北京:中华书局,2002年。

③ 〔日〕岸本美绪:《明清交替与江南社会:17世纪中国之秩序问题》,东京:东京大学出版会,1999年。

会各群体一致的文化认同。而相对稳固的社会秩序，则是由各群体通过宗教信仰、非血缘社会组织等方式得以实施的，具体表现如寺院捐赠消费和结社纳赠消费等。

在具体研究探讨中，首先，运用社会分层和群体划分的相关社会学理论，对唐宋时期敦煌社会消费主体进行归类；其次，把消费放置于整个社会系统中进行考察，探讨当时消费与生产、交换、分配之间的关系，探究唐宋时期敦煌社会不同群体的消费内容；其三，探讨消费与社会之间的互动关系，同时通过研究消费问题，透视唐宋时期敦煌社会的某些特性。本书沿着这一逻辑思路来考察当时社会消费的基本内容、特征、发展趋势，从消费层面透视唐宋时期敦煌社会的某些特性。再据上述两条主线，将以上内容渗透到各个部分，按照解决问题的先后顺序和所示社会问题的不同层面，予以分章论述。

四、概念界定

（一）时间界定：唐宋时期

分为三个时期，即：①唐中央政府直接统治时期，指唐高祖武德元年至唐德宗贞元二年（一说沙州陷于贞元元年，即公元785年）沙州陷落，即公元618—786年；②吐蕃占领时期，简称"蕃占时期"，指唐德宗贞元二年至唐宣宗大中二年，即公元786—848年；③归义军统治时期，指唐宣宗大中二年至北宋仁宗景祐二年西夏陷敦煌，即公元848—1035年。

（二）地域界定：敦煌

主要指唐代瓜、沙二州地域，范围随不同历史时期有所变化。

（三）"消费"界定

有关"消费"一词，似最早见于东汉王符的《潜夫论·浮侈第十二》，所谓"此等之俦，既不助长农工女，无有益於世，坐食嘉谷，消费白日，毁败成功，以完为破，以牢为行，以大为小，以易为难，皆宜禁者也。"① 其后，如干宝的《搜神记·卷十九·李寄斩蛇》载："女无缇萦济父母之功，既不能供养，徒费衣食，生无所益，不如早死。"② "晋代咸宁起居注曰，大医司马程据，上雉头裘一领，诏据，此裘非常衣服，消费功用，其於殿前烧之，敕外内有造异服，依礼治罪。"③ 又《宋书·恩幸传·徐爰》载"比岁戎成，仓库多虚，先事聚众，则消费粮粟"，等等。这些记载，有的指衣食消费，有的指生产过程中物质资料和劳动力的消耗。当今"消费"一词的含义更加广泛，可分为两种。一种是生产消费。人们从事任何物质生产活动，都要耗费一定的原材料，生产工具也会磨损，从而生产出一定的产品，这种消费活动就是生产消费。另一种是生活消费。人类的生存和发展，劳动力的生产和再生产，都必须消费粮食、衣服、住房、用品等等。马

---

① 〔汉〕王符著，〔清〕汪继培笺：《潜夫论笺校正》，北京：中华书局，1985年，第127页。

② 〔东晋〕干宝著，钱振民点校：《搜神记》，湖南：岳麓书院，2015年，第173—174页。

③ 《艺文类聚》卷六十七《衣冠部·裘》，上海：上海古籍出版社，1998年，第1191页。

克思说：" 消费直接也是生产，正如在自然界中元素和化学物质的消费是植物的生产一样。例如，在吃喝这一消费形式中，人生产自己的身体，这是明显的事。而对于以这种或那种形式从某一方面来生产人的其他任何消费形式也都可以这样说。"①

本书的"消费"概念，涵盖物质消费与精神消费两个方面，既涉及私人消费领域，又涉及部分公共消费领域。私人消费领域，即以个人或家庭为主体的消费。而"界定公共消费的要点有两个：一是公共消费是为了满足社会成员共同需要的消费；二是公共消费支出来源于公共财政或者组织公共消费的主体通过其他的途径获得的收入。"②本书所探讨的公共消费的研究范围，只包括佛教寺院和民间结社的消费生活，并不涉及行政层面的政府消费活动。而且本书只涉及社会生活消费，而不论及生产资料方面的消费。

（四）文化认同

文化认同是人类对于文化的倾向性共识与认可。人类存在于不同的文化体系中，人类的文化认同也因文化的差异而不同，文化认同也因此表现为对其文化的归属意识。由于文化是发展着的，因而文化认同是一个与人类文化发展相伴随的动态概念，即随着文化的变化，文化认同也会发生变化③。

---

① 马克思：《〈政治经济学批判〉导言》（摘自1857—1858年经济学手稿），《马克思恩格斯选集》（第2卷），北京：人民出版社，1972年，第8页。

② 李新家：《消费经济学》，北京：中国社会科学出版社，2007年，第170页。

③ 郑晓云：《文化认同与文化变迁》，北京：中国社会科学出版社，1992年，第8页。

本书中的"文化认同"是指依托于敦煌文化的认同行为。

（五）社会秩序

本书所涉及的"社会秩序"一词，并不指国家的法律条令，而是指唐宋时期隐匿于敦煌社会消费生活背后、用以维系和维护社会稳定的秩序。[①]

五、研究资料

既然本书是以唐宋时期敦煌社会为研究对象，毫无疑问，莫高窟藏经洞出土的敦煌文献为主要选用资料。目前，敦煌资料可以分为两类：一类是前贤所作的录文，另一类是未作录文的文献原件或其影印件。敦煌文献一经问世，就因各种原因分藏于不同的国家，给敦煌学的研究带来了诸多不便。20世纪七八十年代以来，这些散藏的文献陆续以大型丛书的形式面世。本书选用的敦煌文献，主要是以这些刊布的文献为主。

同时，莫高窟的壁画、雕塑、石窟建筑、碑刻铭文，敦煌附近的考古遗址、墓葬遗物等等，也是资料的另一来源。它们与同时代敦煌文献相辅相成，共同记录了唐宋时期敦煌社会的历程，这是研究的需要，没有放弃的理由。

本书研究的主旨是"消费"，所以还大量选用了传统史料，

---

① 对秩序的解释有两个重要的方面：一是结构，即具体的秩序事实在特定的社会结构中的位置；二是文化，即什么东西在编织秩序，什么价值观念取向与习惯在支撑或引导着一种秩序的发展。结构中的秩序，依赖特定的价值观念的内化。本书所涉及的"秩序"限定于后者。

如正史、笔记、小说中的与社会、经济、民俗等相关的文献。

荣新江先生曾讲，敦煌文献是出土文献的一部分，和大体同时代的吐鲁番文书关系密切，也和秦汉以来的出土文献有密切的关联，因为出土文献虽然有着不同的学术背景，但大多数是代表着地方文献系统，可以前后参照，左右互补。① 所以，本书在选用资料时，也注意适当收集其他地域的不同出土文献、文物，如吐鲁番文书等，与敦煌文献进行时空上的对比、区别，并加以借鉴。

需要指出的是，本书是在敦煌学研究范围之内，因而在资料选用上遵循以敦煌文献为主，其他地域的出土文献和相关传统历史文献为辅的原则。

---

① 参阅：(1) 荣新江：《敦煌文献：新材料与新问题》，《中国典籍与文化》，2000年第1期，第16—17页。(2) 荣新江：《敦煌学新论》，兰州：甘肃教育出版社，2002年，第182页。

第一章
唐宋时期敦煌消费的社会生态环境

自20世纪以来,唐宋时期敦煌区域社会经济史的研究就成为学界关注的热点之一。众多先贤前辈的著述,使我们对这一地区的自然、社会、人文等方面的状况有了一个较为全面、深入的了解,也为本书的研究提供了坚实的基础。不过,由于对敦煌历史上消费的探讨目前还很有限,所以这些状况与消费的关系也每每为以往的史家所忽视。毫无疑问,消费行为的产生和消费生活的呈现,不仅与地理等自然因素有关,还与社会、社会结构等环境因素息息相关。对消费的探讨不可避免地会涉及各种背景因素。因而在切入正题之前,有必要围绕消费这一主题对敦煌的各种背景状况作一个梳理,以期为以后的研究作好铺垫。

一、生态环境

生态环境包括人们生活的地理气候条件,生态系统,水、土、空气、生存空间等等,既是人类社会发展的前提,也于无形之中制约着人类社会的发展。

图 1　二牛抬杠　莫高窟第 12 窟主室南壁　晚唐①

敦煌位于河西走廊最西端，处于东经 92°13′~95°30′，北纬 39°40′~41°40′之间。东邻瓜州县，西部、北部接新疆维吾尔自治区，南接肃北蒙古族自治县和阿克塞哈萨克族自治县。敦煌南枕祁连雪山，西接浩瀚无垠的塔克拉玛干沙漠，北依嶙峋蛇曲的马鬃山，东靠巍峨耸立的三危山，地处青藏高原北部边缘地带。因有疏勒河、甘泉水（今党河），经长年冲积，形成敦煌盆地。

在气候上，敦煌因地处内陆，加之周围被沙漠、戈壁包围，属于典型的大陆性气候。其气候特征表现为：日照充足，干燥少雨，热能充足却不稳定，无霜期短，昼夜温差大，多风沙且蒸发

---

① 图源：数字敦煌。

量大,年平均温度为 9.3℃左右。

敦煌虽有 31200 平方千米的面积,但其中多为不适宜耕作的戈壁沙漠,可耕种土地面积只有 23 万亩。这种干旱少雨、多风多沙的生态环境,给当时敦煌民众的生产、生活带来了诸多不便和限制。正是基于这样的背景,使敦煌社会的消费活动带有明显的地域特色。

二、社会环境

(一) 人口概况

据《汉书·地理志》记载,敦煌郡的人口,于西汉末年就已达到 11000 多户,38300 多人。《后汉书·志第二十三·郡国五》记:"敦煌郡武帝置。雒阳西五千里。六城,户七百四十八,口二万九千一百七十。"[1]此处"七百四十八"当为"七千四十八"之误[2]。又据《旧唐书》卷四〇《地理志三》载:"沙州下隋燉煌郡。武德二年,置瓜州。五年,改为西沙州。贞观七年,去'西'字。天宝元年,改为燉煌郡。乾元元年,复为沙州。旧领县二,户四千二百六十五,口一万六千二百五十。在京师西北三千六百五十里,至东都四千三百九里。"[3]这与西汉末年的记载大体一致。五代时期,敦煌户口没有记载,据土肥义和先生的推

---

[1]《后汉书·志第二十三·郡国五》,北京:中华书局,1965 年,第 3521 页。
[2] 齐陈骏:《敦煌沿革与人口》,《敦煌学辑刊》(第一集),1980 年 6 月,第 32—40 页。
[3]《旧唐书》卷四〇《地理志三》,北京:中华书局,1975 年,第 1644 页。

图 2　S.11345《达多等状》残卷[①]

算,认为大致上也有 3 万人[②]。宋元之后,由于中原社会的政治变动及与西域关系的变动,敦煌地区失去了以往发展的优势,户口数字的记载也随之缺乏。根据唐代的文献记载和敦煌历史的变迁,学者们大都估计张氏和曹氏归义军时期,敦煌的人口

[①] 图源:《英藏敦煌文献(汉文佛经以外部分)》第 13 卷(S.9956 — S.11459),成都:四川人民出版社,1995 年,彩页。

[②] (日)土肥义和著,李永宁译:《归义军时期(晚唐、五代、宋)的敦煌(一)》,《敦煌研究》,1986 年第 4 期,第 82—91+46—93 页。

在 3~4 万①。

S.11345《达多等状》是唐大中二年（848年）张议潮率众光复敦煌后，唐王朝为褒奖张议潮而以宣宗名义颁发的一件正式的皇帝诏敕。刘进宝先生据此进一步推断：晚唐五代归义军时期敦煌有人口3万余人，6000余户②。现依方广锠先生的释读，将S.11345《达多等状》录文如下：

（前残）

1. 达多等沙州郡敦煌
2. 平时三万余口是吾
3. 远祖□□□□□
4. 之□□□□□
5. □□□□张议潮□
6. 知顺逆忠义之道□
7. 图籍户口□僧俗□
8. 来归□可□□□□

---

① 参阅：（1）杨际平、郭锋、张和平：《五—十世纪敦煌的家庭与家族关系》，长沙：岳麓书社，1997年，第43页。（2）李正宇：《敦煌历史地理导论》，台北：新文丰出版公司，1997年，第81—84页。（3）郑炳林：《晚唐五代敦煌地区人口化研究》，《敦煌归义军史专题研究三编》，兰州：甘肃文化出版化，2005年，第462—483页。（4）〔日〕土肥义和著，李永宁译：《归义军时期（晚唐、五代、宋）的敦煌（一）》，《敦煌研究》，1986年第4期，第82—91+46—93页。

② 刘进宝：《唐宋之际归义军经济史研究》，北京：中国社会科学出版社，2007年，第4页。

(后残)①

(二)交通环境

因敦煌位于河西走廊西端这个特殊的地理位置,可以说它既是中原王朝的边陲之地,又是开拓边域的前沿阵地,具有十分重要的军事战略意义。自汉以来,统治者因开拓之需,便致力于对敦煌的营建和开发。随之而来的就是前来实边的中原移民和戍边入驻的屯军。他们带来了先进的中原文化和汉民族传统习俗。经由丝绸之路向西进入西域的道路,共分三条,即南道、中道和北道。南道由阳关向西出发,沿昆仑山北麓、塔克拉玛干沙漠南缘行进;中道(亦称"北道")从古玉门关向西,沿塔克拉玛干沙漠北缘、天山南麓前行;北道(即"新北道")由敦煌至庭州、轮台等地。三道都必经敦煌。这使得位于军事要地的敦煌又成为了扼丝路咽喉的宝地,也成为了中国与西亚乃至欧洲北非的交通枢纽。东西方文化交融于此,商业贸易兴盛于此。在促进经济发展的同时,也拓展了文化广度、延伸了文化内涵。而且,自汉以来,敦煌境内居民构成就比较复杂,处于汉族与少数民族交错杂居的生活状态。形成以汉族为主(主要为历代移民、屯军),粟特、吐蕃、氐、羌、匈奴、回鹘等其他民族共同聚居的格局,这也形成了敦煌文

---

① 方广锠:《宣宗关于归义军的诏敕》,《敦煌研究》,2000 年第 3 期,第 113 — 114+188 页。

化多元的特征。P.3303V《五印度用甘蔗造沙糖法》[①]，即为多元文化交流之一例，录文如下：

1. 西天五印度出三般甘遮（蔗）：一般苗长八尺，造沙唐多

2. 不妙；第二，按一二矩，造好沙唐及造最上煞割令；第三

3. 般亦好。初造之时，取甘遮（蔗）茎，弃却檪叶，五寸截断。着

4. 大木臼，牛拽，捞出汁，于瓮中承取，将於十五个铛中煎。

5. 旋写一铛，着筋癀小许。冷定，打。若断者，熟也，便成沙唐。不折，不熟。

6. 又煎，若造煞割令，却於铛中煎了，於竹甑内盛之禄水，下

7. 着瓮承取水，闭门。满十五日，开却。竹甑内煞割令禄出，干后，手遂一处，亦敢去，曰煞割

8. 令。其下来水，造酒也。其甘遮（蔗）苗茎，似沙州、高昌糜，无子。取

9. 茎一尺以截，埋于犁垅，便生。其种甘遮（蔗）时，用十二月[②]

[①]《法国国家图书馆藏敦煌西域文献》第23册（P.3277－P.3370），上海：上海古籍出版社，2002年，第128页。

[②] 唐耕耦、陆宏基：《敦煌社会经济文献真迹释录》（第5辑），北京：全国图书馆文献缩微复制中心，1990年，第453页。

图 3　张议潮出行图之三　莫高窟第 156 窟主室南壁下层　晚唐①

（三）文化心理

关于敦煌社会民众的文化形态，杨际平先生曾于《五—十世纪敦煌的家庭与家族关系》中进行过专章讨论："通过前面的分析，我们已经知道，作为敦煌家庭、家族生活的一项重要内容，其中包含有极其强烈的民族国家意识，而这一点也正是我们充分理解敦煌家庭、家族生活及其社会文化的重要突破口。这种文化格局的形成，其原因固然是多方面的，而其中的一个根本性原因乃在于该地区历史形成的地理及人文环境。敦煌地区众多的文化

---

① 图源：《莫高窟第 156 窟》，https://www.dha.ac.cn/info/1425/3631.htm，2023 年 4 月 21 日。

现象都可以从这一特殊环境寻找到它的生成依据。"① 在这里,杨际平先生将敦煌民众的文化心态总结为两大特点,即强烈的民族国家意识与独特的边民文化心态。

《新唐书》卷二一六《吐蕃下》载:"州人皆胡服臣虏,每岁时祀父祖,衣中国之服,号恸而藏之。"② 这是敦煌陷吐蕃之后,民众独特文化心理的强烈表达。张澍在《续敦煌实录》序中说:"按《敦煌耆旧记》曰:'国当乾位,地列艮墟,水有悬泉之神,山有鸣沙之异,川无蛇虺,泽无虓虎,华戎所交一大都会。'"③ 独特的地域环境构成敦煌与众不同的文化风格,经不同历史时期之沉淀,渗透于日常生活之中,内化于敦煌各阶层、各群体之思想精神,外化于相互既有差异又有联结的社会消费活动之中。"敦煌虽然僻处西隅,但在汉民族的传统文化中,它绝不是一块被人遗忘的角落,而是以其特有的地理与人文景观与汉民族的历史文化长期联络着。"④

"在古代中国的版图上,敦煌特殊的地理位置也就决定了它的特殊的人文环境。如果说敦煌的人文地理构成了它的经,那么它的文化地理就构成了它的纬,这是我们认识敦煌历史及其诸多

---

① 杨际平、郭锋、张和平:《五—十世纪敦煌的家庭与家族关系》,长沙:岳麓书社,1997年,第235—316页。

② 《新唐书》卷二一六《吐蕃下》,北京:中华书局,1975年,第6101页。

③ 〔清〕张澍辑,李鼎文校点:《续敦煌实录》,兰州:甘肃人民出版社,1985年,第1页。

④ 杨际平、郭锋、张和平:《五—十世纪敦煌的家庭与家族关系》,长沙:岳麓书社,1997年,第235页。

文化现象时所不可缺少的两条线索。"①正是基于这样的认识，在切入主题之前，对于文化心理的了解，进而理解唐宋时期敦煌各阶层、各群体的消费生活是很有必要的。

三、消费观念的演变阶段

观念是行为的先导，是影响消费的重要因素之一。

儒家消费观念主张"尚俭"。儒家创始人孔子说："奢则不孙（逊），俭则固。与其不孙（逊）也，宁固；其与奢也，宁俭。"（《论语·述而篇》）孔子主张"尚俭"，在俭朴的表率方面，极力赞扬颜回、子路二弟子："贤哉，回也！一箪食，一瓢饮，在陋巷，人不堪其忧，回也不改其乐。贤哉，回也！"（《论语·雍也篇》）"衣敝缊袍，与衣狐貉者立，而不耻者，其由也与！'不忮不求，何用不臧？'"（《论语·子罕篇》）后来的儒家弟子依然"尚俭"，如《史记》所载："及若季次、原宪，闾巷人也，读书怀独行君子之德，义不苟合当世，当世亦笑之。故季次、原宪终身空室蓬户，褐衣疏食不厌。死而已四百余年，而弟子志之不倦。"②其目的是服务于"序君臣父子之礼，列夫妇长幼之别"③的等级体系。可以说，等级秩序体现在消费关系中，消费关系反映出等级秩序。

道家消费观念亦主张"尚俭"。道家创始人老子说"是以圣

---

① 杨际平、郭锋、张和平：《五—十世纪敦煌的家庭与家族关系》，长沙：岳麓书社，1997年，第236页。
② 《史记》卷一二四《游侠列传第六十四》，北京：中华书局，1959年，第3181页。
③ 《史记》卷一三〇《太史公自序第七十》，北京：中华书局，1959年，第3289页。

人去甚,去奢,去泰"(《道德经·第二十九章》》),说明老子不仅主张俭朴,而且主张"去欲"。他说:"五色令人目盲,五音令人耳聋,五味令人口爽,驰骋畋猎令人心发狂,难得之货令人行妨。"(《道德经·第十二章》》)作为老子思想的主要继承者,庄子说:"五色乱目,使目不明……五味浊口,使口爽厉。"(《庄子·天地》)他也否定人们对"五色""五味"的消费需要,提倡"无色""无味"的自然式消费。道家主张"尚俭",目的是推崇自然式消费,因为消费必然涉及人与自然之间的关系,则要求消费关系顺其自然无为的主张。

唐宋时期由于敦煌各阶层、各群体家庭经济收入与财产的变化,引起他们在消费观念上的演变。"消费观念",是指消费者对待其可支配财富的指导思想与态度,是人们在一定的社会文化传统和收入水平下形成的、影响其消费行为的看法和认识。消费观念的形成、演变与一定的社会生产力发展水平相适应。随着社会经济的发展、价值取向的更替,唐宋时期敦煌社会消费观念也相应发生着演变。这种消费观念的演变过程,亦可分为唐中央政府直接统治时期、吐蕃占领时期、归义军统治时期。以吐蕃占领时期为界亦可分为两个阶段,在此之前的消费观念以"尚俭"为主,在此之后的消费观念逐渐转向"崇奢"。

(一)以"尚俭"为主的第一阶段

第一阶段是在唐中央政府直接统治时期和吐蕃占领时期,消费观念以"尚俭"为主。

唐中央政府直接统治时期至吐蕃占领时期是一个社会转型时

期,刚刚历经战乱的大唐王朝,正在从政治、经济等各方面入手,以恢复社会生产能力,促进财富的积累。自商周以来,民本思想一直作为历代统治阶级政治思想的核心内容。他们深知"民惟邦本,本固邦宁"的道理,更明白"百姓足,君孰与不足;百姓不足,君孰与足"的意义。

唐中央政府直接统治时期,统治者鉴于隋亡教训,大力实施养民政策,推行均田制,并轻徭薄赋。广大农民家庭基本有田可耕、有布可织,家庭收入相对殷富,政府也"左右库藏,财物山积",奏出了盛唐繁荣、富实的强音。中唐以后,随着均田制的破坏,特别是安史之乱的爆发,敦煌地区更是受到了吐蕃的入侵以及占领,广大百姓生活贫困,时常"浑家少粮食,寻常空饿肚",家庭收入毫无保障。加之吐蕃于敦煌之地的蕃化统治,一度使敦煌地区的经济有后退之势,即使有唐中央政府直接统治时期繁盛的商品经济为基础,也于此时期退回到物物交换的低水平经济阶段。

唐中央政府直接统治时期和蕃占时期敦煌社会的消费观念,主要来源于儒家和道家的学说。由于各阶层、各群体家庭的财富不甚丰富,所以一般都主张崇尚节俭、量入为出,反对奢靡浪费,认为适度消费是合理生活方式的最佳选择。如唐太宗李世民,认为隋朝灭亡的一个重要原因就在于隋炀帝的穷奢极欲。贞观元年(627年),李世民对侍臣说:

> 隋炀帝广造宫室,以肆行幸。自西京至东都,离宫别馆,

相望道次，乃至并州、涿郡，无不悉然。驰道皆广数百步，种树以饰其傍。人力不堪，相聚为贼。逮至末年，尺土一人，非复己有。以此观之，广宫室，好行幸，竟有何益？此皆朕耳所闻，目所见，深以自诫。故不敢轻用人力，惟令百姓安静，不有怨叛而已。①

由此可见唐太宗是主张节俭、去人欲的，他身体力行，在位期间，逐出宫女达五千人，并推行薄葬。

唐中央政府直接统治时期和吐蕃占领时期，在消费观念上都极力主张"尚俭"，并视之为一种社会美德，人们的消费行为一般能从俭。社会舆论也多批评侈靡，赞誉节俭。因此，这段时期人们的消费观念以"尚俭"为主。但通过敦煌文献，还是能看到即使在主导"尚俭"的社会背景之下，仍然存在着"崇奢"的潜因。如 P.2942《瓜、沙、甘、肃等州公文集》② 载：

66. 沙州祭社广破用

---

① 《贞观政要》卷十《行幸第三十七》，长沙：岳麓书社，2000 年，第 302 页。
② 说明：（1）此段录文行号依据《敦煌社会经济文献真迹释录》所注。（2）《法国国家图书馆藏敦煌西域文献》定名为"唐永泰年间河西巡抚使判集"。《法国国家图书馆藏敦煌西域文献》第 20 册(P.2908－P.2998)，上海：上海古籍出版社，2002 年，第 180—185 页。(3) 王重民原定名为"归义军时代瓜沙等州公文集"。池田温定名为"唐年次未详河西节度使判集"，安家瑶则定名为"唐永泰元年(765 年)－大历元年(766 年)河西巡抚使判集"，姜伯勤定名为"河西节度使判集"。 施萍婷主撰稿，邰惠莉助编，敦煌研究院编：《敦煌遗书总目索引新编》，北京：中华书局，2000 年，第 261 页。

67. 艰虞以来，庶事减省。沙州祭社，何独丰浓？税钱各有区

68. 分，祭社不合破用。更责州状，将何陪（赔）牛直（值）？将元案通。

69. 又判：自属艰难，万事减省。明衣弊（币）帛，所在不供，何独

70. 沙州，广为备物？酒肉果脯，已费不追；布绢资身，事须却纳。

71. 故沙州刺史王怀亮擅破官物充使料，征半放半。

72. 王亮在官，颇非廉慎，擅破财物，不惧章程，妄布目前之恩，

73. 果贻身后之累。既违令式，难免微收。后件无多，状缘公用。守（文），

74. 犹恐未免，论情须为商量。①

当时正处于吐蕃蚕食河西之时，河西节度使已经移驻沙州，交通阻断，货物粮食均很短缺，沙州却为祭社"广为备物"，遭到河西节度使"何独丰浓"的指责。可见，即使在危难之际，"崇奢"的潜因还是存在的。

---

① 唐耕耦、陆宏基：《敦煌社会经济文献真迹释录》（第2辑），北京：全国图书馆文献缩微复制中心，1990年，第620页。

（二）渐趋"崇奢"的第二阶段

第二阶段是在归义军统治时期，消费观念有所变化，特别是归义军统治的中后期，消费观念渐趋"崇奢"。

吐蕃占领敦煌后，短暂的80年中，没有相关史料可直接反映吐蕃占领时期百姓的奢靡观念。相反，百姓因战乱、农事不济、蕃化专制统治、僧尼数量大增、沉重赋役、豪族买卖与兼并土地之风日盛，而长期处于生活窘迫、消费不足的境地。

唐大中二年（848年），张议潮率众推翻吐蕃的统治，建立归义军政权。在归义军统治初期，敦煌社会经济凋敝，物资极端缺乏。以扩大战果，稳定政权为目的，张氏归义军政权推行了且耕且战的治国方略，以人口和土地作为其控制的主要对象，实施"请田制度"。经过60余年的积蓄，至914年曹氏归义军政权之时，经济发展良好，社会各阶层、各群体的经济收入有不同程度的增加，消费水平明显提高。加之此时中原地区出现了奢靡之风，于是在归义军时期的敦煌社会也开始出现了奢靡倾向。和历朝历代一样，敦煌的宴饮活动亦不少，仅以其中用于招待各周边政权使节的宴席消费活动作为例证，P.2641《宴设司呈报设宴账目四通》[①]载："廿日，太子迎于阗使油胡饼子壹百枚，每面贰斗，入油壹升。……廿一日，马圈口迎于阗使用，细供叁拾分，壹胡饼，又胡饼贰拾枚，灌肠面叁升。城下迎于阗使，细供贰拾分，壹胡

[①] 说明：丁未年六月都头知宴设使宋国清呈报。按：此宴设司当属归义军，故款待于阗使次数特多。施萍婷主撰稿，邰惠莉助编，敦煌研究院编：《敦煌遗书总目索引新编》，中华书局，2000年版，第248页。

饼，灌肠面叁升；于阗使迎于阗使，细供拾分，壹胡饼，中次料拾分。……廿二日，太子屈于阗使，细供拾伍分，壹胡饼。……东园音声设，看后座细供柒分，贰胡饼。廿三日，大厅设，于阗用细供贰拾捌分，内三分、贰胡饼；音声作语上次料两分，又胡饼子贰拾捌枚；亲从都头等细供叁分，贰胡饼；当值都头并知客细供两分，贰胡饼，灌肠面叁升。"①

四、消费观念演变的原因

唐宋时期，敦煌社会各阶层、各群体的消费观念由"尚俭"转向"崇奢"的演变，究其原因有三：

其一，社会生产力水平的提高与商品经济的进一步发展，消费资料不断增多，消费手段不断改进，消费品市场不断繁荣，从而为消费观念的演变奠定了相应的物质基础。

其二，相互仿效、竞相攀比、追慕时尚的心理因素。司马迁说："耳目欲极声色之好，口欲穷刍豢之味，身安逸乐而心夸矜势能之荣。"② 这说明追求享受消费是人之本性。消费方式反映着某一种生活方式，人们对它赋予多种社会内涵，成为人们的身份、地位、财富、品位、价值的象征。唐宋时期，尤其是归义军时期，敦煌社会上层所追求的正是这种享受消费，以此炫耀财力、权力与地

---

① 《法国国家图书馆藏敦煌西域文献》定名为"丁未年六月都头知宴设使呈设宴账目"。《法国国家图书馆藏敦煌西域文献》第17册(P.2631—P.2728)，上海：上海古籍出版社，2001年，第62—63页。

② 《史记》卷一二九《货殖列传第六十九》，北京：中华书局，1959年，第3253页。

位等，博取社会称誉，获得自我优越感和满足感。其特征是奢侈、攀比、浪费。即使如此浪费，也常为其他阶层人们所仿效、追慕，企求同样的消费效果。从心理学角度来说，几乎每一个消费者都存在模仿、追慕时尚的消费心理。唐宋时期敦煌社会的消费者也不例外：民间百姓由于收入较低，又处于消费层次的低处，所以仿效权贵、富人的心理比较重。

其三，社会制度本身的局限性。高消费，是古代社会贵族、官僚阶层的特权、地位、尊贵的外显标志。权力是攫取物质财富的通道，特权阶层享有更多的财富分配权力，是滋生奢靡腐化的根源之一。

根据上述内容可以看出，唐中央政府直接统治时期和吐蕃占领时期，各阶层、各群体人们的消费观念以"尚俭"为主导，奢靡消费还是少数现象。归义军时期，社会各阶层、各群体（主要集中于敦煌社会的上层）的消费观念开始转向"崇奢"，社会上层的奢靡消费风气逐渐延及下层庶民百姓，渗入普通百姓的消费观念之中。婚嫁与丧葬消费形式最易受国家政权力量与国家意识的影响，所以归义军政权时期普通百姓在婚嫁、丧葬方面"崇奢"的现象比较多见。加之同时期中原地区奢侈消费观念的兴盛，使得敦煌社会"崇奢"观念有蔓延之势。早在唐中央政府直接统治时期，宰相姚崇针对当时的厚葬之风就指出：

凡厚葬之家，例非明哲，或溺于流俗，不察幽明，咸以奢厚为忠孝，以俭薄为悭惜，至令亡者致戮尸暴骸之酷，存者陷不忠不孝之诮……道士者，本以玄牝为宗，初无趋竞之教，而无识者慕僧家之有利，约佛教而为业，敬寻老君之说，亦无过斋之文，抑同僧例，失之弥远。汝等勿拘鄙俗，辄屈于家。汝等身没之后，亦教子孙依吾此法云。①

当然，各阶层、各群体的人们在消费观念上发生演变的原因也不尽如上述，还有其他因素，如价值观念、社会文化、群体差异等等，应是多种因素共同合力的结果。

五、唐宋时期敦煌的消费市场

唐宋时期，位于丝路咽喉之地的敦煌，因道路畅通、贸易昌盛，商业亦很繁荣。消费市场主要表现为中外互贸、店铺和集市贸易的兴盛以及以物易物。②

其中，与消费直接相关并具特色的就是市场流通领域的"以物易物"现象的存在。据敦煌文献，初、盛唐时期确实存在以货币的形式进行流通，如 P.3348V《唐天宝年间河西豆卢军和籴会计牒》载："（合当军）伍仟陆百匹大生绢，匹估四百六十五文，计贰仟陆佰肆贯文。"③从吐蕃占领时期至归义军时期，敦煌消费

---

① 《旧唐书》卷九十六《列传第四十六》，北京：中华书局，1975年，第3028—3029页。
② 谭蝉雪：《敦煌民俗：丝路明珠传风情》，兰州：甘肃教育出版社，2006年，第17—22页。
③ 《法国国家图书馆藏敦煌西域文献》定名为"天宝四载河西豆卢军和籴会计牒"，《法国国家图书馆藏敦煌西域文献》第23册（P.3277—P.3370），上海：上海古籍出版社，2002年，第274页下栏。

市场出现的却是以物易物。如 S.6185《粗面破历》:"支牧牛人杨阿律丹等叁群各粗面柒斗,共粗面两硕壹斗……支托壁匠粗面贰升,拽锯人夫粗面肆升。"[1] 再如 S.6064《报恩寺午年正月一日至未年正月十六日诸色斛斗入破历计会》:"正月一日,麦壹石,沽苏(酥)供僧食。九日,麦壹拾陆石肆斗,还裙价。十一日,麦壹拾石,乞音声。贰斗麦,买苡蓉。"[2] 对于中唐以后不流通货币的原因,谭蝉雪先生总结为三点:"一、吐蕃民族不使用中原货币,其国内亦无货币流通的记载。二、盗铸风起,恶钱泛滥,形成通货膨胀。三、敦煌当地缺乏铸钱所需的铜,所以无法自铸,如由中原转送,路途遥远,费用昂贵,而且沿路经常发生抢掠。……在上述诸种因素的作用下,敦煌在中唐以后实行以物易物制。"[3] 而对于这种现象,韩森先生认为是均田制衰退之后人们适应生活的一种方式[4]。无论哪种原因,"以物易物"是唐宋时期敦煌消费市场确实存在的流通方式,给民众消费生活带来诸多不便。

六、唐宋时期敦煌的消费群体结构

唐宋时期的敦煌,虽多民族集聚且有东西方的贸易往来,但

---

[1]《英藏敦煌文献(汉文佛经以外部分)》第 10 卷(S.5966 — S.6307),成都:四川人民出版社,1994 年,第 154 页。

[2]《英藏敦煌文献(汉文佛经以外部分)》第 10 卷(S.5966 — S.6307),成都:四川人民出版社,1994 年,第 64—65 页。

[3] 谭蝉雪:《敦煌民俗:丝路明珠传风情》,兰州:甘肃教育出版社,2006 年,第 22 页。

[4]〔美〕韩森著,鲁西奇译:《传统中国日常生活中的协商:中古契约研究》,南京:江苏人民出版社,2009 年,第 11—12 页。

如前所述，仍是一个以农为主的封建社会。无论是唐中央政府统治时期、吐蕃占领时期还是归义军统治时期，等级森严的社会结构始终贯穿于这三个历史时段。关于唐代社会的等级结构，冯尔康先生曾以敦煌吐鲁番文书中所反映的社会结构为例，将其划分为除皇帝之外的贵族、官吏、庶民、贱民四个等级[①]。这其中，尤为引人注意的就是"贵"与"贱"的对立。处于不同社会等级的人们，谨守着等级制度的条文规定，有效维护着社会的统治秩序。但是，在大量的敦煌文献中，我们还看到很多记录处于不同等级的人们有着相似生活消费方式的文献，如喜爱胡食、开窟塑像、集聚结社等等。那么，究竟以什么样的标准来划分唐宋时期敦煌社会的消费群体结构呢？

长期以来，在为社会结构定义时，多以"阶级"作为分界标准，具体到封建社会，则主要划分为地主和农民两大对立阶级，即统治阶级与被统治阶级。随着时代推移，这种简单的划分标准显然不足以全面、客观地反映历史的真实情况，因而就有学者将社会学中"社会分层"的方法借鉴过来，用于解决社会结构的划分问题[②]。

社会学界通常认为社会阶层是与某种形式的地位相联系的，而"社会阶级是社会分层的特例"。社会分层犹如地质分层一样，将社会看作是由等级体系的"层"所构成的，按照一定的原则和

[①] 冯尔康：《中国社会结构的演变》，郑州：河南人民出版社，1994年，第450页。
[②] 温乐平：《秦汉社会消费问题研究》，博士学位论文，华中师范大学历史文化学院，2005年，第12页。

标准,把所有社会成员划分成若干高低不同的等级序列,处在同一等级序列的人就构成了一个社会阶层。简单地说,社会阶层差别就是不同人群之间的结构性不平等,社会地位较高的人在上层,社会地位较低的人则在下层乃至底层。"阶层是社会的等级制度所决定的社会范畴",阶层与人的地位、收入及消费之间有着密切关系。因此,如果运用社会阶层理论来划分唐宋时期敦煌社会的消费结构,是否会更为客观一些呢?

如前所述,唐宋时期,在敦煌历史上可以分为三个时期,每一时期的社会结构都有自己的特色。以归义军统治时期为例,如果运用社会分层的方法,就可借鉴郭锋先生划分当时敦煌社会结构的方法[①]:

> 世家豪族与寺院高级僧侣集团阶层,即由世家豪族与寺院高级僧侣集团组成的社会上层,这个阶层主要是张、索、李、曹、阴等世代为官、或者因时而兴的大姓及寺院都僧统、大德一类高级僧侣。
>
> 庶民地主与一般寺院僧侣以及官僚阶层,即由一般大姓、世俗地主、一般寺院僧侣(各寺主持、僧政等)及归义军官衔中各级官员如兵马使、节度押衙、都头、虞侯等组成。
>
> 农民与其他劳动者阶层,即以一家一户的个体经济为主

---

① 郭锋:《唐史与敦煌文献论稿》,北京:中国社会科学出版社,2002年,第213—214页。

的城乡百姓组成，其中还包括依附于寺院的寺户、常住百姓及各种手艺人户。

但这种划分标准对于跨越三个历史时期的敦煌地区来说，似乎有些笼统，不足以完全反映当时的消费状况，因为即使处于同一社会阶层的人们，也会有不同的消费生活方式。究竟什么样的标准才能够适用于敦煌地区消费结构的划分呢？

再次回归到"消费"上来。什么是消费？狭义讲就是支出。与支出相对的是什么？就是收入。无论是支出还是收入，"利"成为它们之间的共通性。在此，引入社会学中"利益群体"的概念。什么是"利益群体"？其核心问题就是"在物质利益上地位相近的人所构成的群体"；或者说，"在经济利益上地位相近的人所构成的群体"[1]。

在审视唐宋时期敦煌地区400余年的历史时，会发现，虽然每一时期都有各不相同的社会阶层，但是总有一些群体因为经济利益地位的接近，在三个时期中保持着相对的稳定性与发展的延续性。这究竟是一些什么样的群体呢？

如前所述，收入与消费是密不可分的。以下就以"利益群体"作为分类标准，以"收入"作为切入手段，对唐宋时期敦煌地区的消费群体结构进行深入解剖。

---

[1] 李强：《社会分层与贫富差别》，福州：鹭江出版社，2000年，第102页。

(一)世家豪族群体(特权群体)

世家豪族是唐宋时期敦煌社会的特权群体,具有特殊的社会身份,享有很高的政治地位,是两汉以来河西经济区兴起和发展中成长起来的地主阶级上层势力,包括从西汉元鼎六年(前111年)敦煌建郡以来陆续从内地移民到此的索、阴、张、翟、李、令狐、汜等诸姓世族。史苇湘先生认为,他们是中国历史上在同一地区延续得最长久的家庭(除山东曲阜孔家外),是封建社会及其制度、文化在中国西部最强硬的捍卫者,也是莫高窟的创建能延续千年的重要社会力量。

世家豪族的收入来源主要是通过其官职、勋位、爵级获得的大量授田的租税。收取租税的方式以实物为主,货币为辅。此项收入的产生取决于社会地位,而收入多少取决于分封户数多少。

唐前期,中央政府在敦煌实行的土地制度主要是均田制。唐令规定:"其散官五品以上同职事给,兼有官爵及勋俱应给者,唯从多,不并给。若当家口分之外,先有地非狭乡者,并即回受,有剩追收,不足者更给。"[①]

在这些世家豪族中,墨池张氏受爵"敦煌郡开国公",应授爵田35顷。阴嘉政曾祖父授爵开国侯,应授爵田14顷。张氏家族仅以上柱国勋位就可获得土地1000多顷。唐代授勋伪滥,一般朝官多带勋阶,特别是戍边将士更易得到勋阶,这在敦煌非常明显。据天宝年间敦煌县从化、慈惠两乡差科簿残卷,两乡丁共

[①]《通典》卷二《食货二·田制下》,杭州:浙江古籍出版社,1988年,第15—16页。

396人，其中上柱国42人，其他勋官35人。若按唐令上柱国应授勋田30顷，则圣历年间，仅42位上柱国就须授田1260顷。敦煌地区均田土地严重不足，其原因之一就是大量的土地被敦煌当地的高门大族所占有。唐代敦煌庄园林立，以姓氏命名的庄约有24个，多是以敦煌当地诸姓高门的姓氏命名的，如张家庄、李家庄、阴家庄、宋家庄、索家庄、氾家庄、翟家庄、曹家庄等，大多为世家豪族建立的私人庄园。

在唐宋时期的任何一个时段，一般都保持了特权群体的稳定，私有地产不但不会丧失，反而会因特权的增加而扩大。吐蕃占领敦煌后，旧族豪望不仅在政治上荣耀不减，而且广占良田。如P.4660碑铭赞合集中的第1篇《阴处士碑》载阴家"瓜田广亩，虚心整履之人；李树长条，但竖移冠之客。更有山庄四所，桑杏万株"。[1]P.4660碑铭赞合集中的第6篇《沙州释门索法律窟铭》载索氏之索定国"耕田凿井，业南亩而报簪；鼓腹逍遥，历东皋而守分"。[2]归义军时期，因张议潮主要依靠阴、李、索、令狐等家族成就事业，所以这些家族在整个归义军时期都是门庭显赫，他们之间又相互联姻，形成了敦煌割据政权的家族政治。归义军政权下的各级官僚通过各种手段占有田产庄园。世家豪族的大地产一般以庄园形式经营，普遍采用奴役劳动力、榨取劳动者剩余

---

[1] 唐耕耦、陆宏基：《敦煌社会经济文献真迹释录》（第5辑），北京：全国图书馆文献缩微复制中心，1990年，第74页。

[2]《法国国家图书馆藏敦煌西域文献》第32册（P.4526－P.4646），上海：上海古籍出版社，2005年，第256—257页。

劳动甚至全部劳动的生产方式。

（二）僧尼群体（特殊群体）

僧尼群体，是唐宋时期敦煌社会的一个特殊群体。农业经济是寺院经济的重要组成部分。唐代寺院的土地除了通过开垦、捐献、布施、兼并等方式获得外，主要来源于国家赐田、世俗地主施舍、小民施舍、均田制下的受田等。[①]唐前期，寺院和僧尼均在受田之列。据《唐六典》卷三户部条载："凡田分为二等，一曰永业，一曰口分。丁之田二为永业，八为口分。凡道士给田三十亩，女冠二十亩，僧、尼亦如之。"[②]由此可知僧尼受田数量。"安史之乱"后，随均田制的瓦解，僧尼受田之制也逐渐退出。法国学者谢和耐研究分析认为，寺院地产的来源，主要依靠国家授田、世俗阶层施舍、僧人私产的施入、购买等途径获得；寺院地产的经营形式，除少量的分散耕地形式外，还有大量的田庄形式；寺院收入的主要来源，还包括出租土地的地租和工业作坊中的商业利润。[③]唐宋时期敦煌地区寺院林立，有十六七所僧寺道观，这些寺、观都广占良田，进行生产经营活动。灵修寺、安国寺、报恩寺、净土寺、大乘寺等寺院里各年的粮食收益中，"厨田""田收""园税"是各寺经常性的收入来源。"厨田"，是指属

[①] 白文固：《试论唐前期的寺院经济》，《兰州大学学报（社会科学版）》，1983年第4期，第93—101页。

[②] 《唐六典》卷三《尚书户部》，北京：中华书局，2014年，第74页。

[③] 谢和耐著，耿昇译：《中国5—10世纪的寺院经济》，上海：上海古籍出版社，2004年。

于寺院所有，专门为僧人提供饭食的田地。地产收入是寺院私有经济中固定和长期的经营收益。敦煌寺院的耕地虽然属于地主土地所有制形式，但不同于当地世族大土地所有制，不属于大地产占有方式。唐代沙州寺院地产并不大，这与当时社会背景有极大关系。唐代沙州大地产所有者为当地著姓豪族及新崛起的官僚地主。寺院寺产的建立主要靠官僚等各层世俗人士的施舍和支持，但到晚唐五代时期在寺院文书及大量的施舍疏中很少再有世俗信徒施舍土地的记载。

另外，寺院还受"常住田"。早在开元十年（722年）以前就有僧尼道士受田的法令，这是唐代均田制度的一大特色，也是政府实施限制寺院占田数量的措施之一。在百姓受田大为不足的背景下，寺院占田数量多，这对当时社会稳定必然会有负面影响。针对寺院僧众占田过量的情况，唐政府颁布法令明确予以限制。《唐会要》卷五十九《祠部员外郎》条载：

> 延载元年五月十一日敕：天下僧尼道士，隶祠部，不须属司宾。开元十年正月二十三日，敕祠部：天下寺观田，宜准法据僧尼道士合给数外，一切管收。给贫下欠田丁，其寺观常住田，听以僧尼道士女冠退田充。一百人以上，不得过十顷。五十人已（以）上，不得过七顷。五十人以下，不得过五顷。[①]

[①]《唐会要》卷五十九《尚书省诸司下·祠部员外郎》，北京：中华书局，1955年，第1028页。

据吐蕃占领时期文书S.2614V《沙州各寺僧尼名簿》[①]记载，并参考开元十年（722年）的敕令可知，敦煌在9世纪前后有寺14座，僧234人，尼609人，沙弥158人，共计1001人（其中可能有在家修行的僧尼）。按开元十年的敕令，则僧私人田7020亩，尼12180亩，寺常住田9200亩，共28400亩。沙弥是否授田，尚未考虑在内。敦煌的寺院僧尼共占田近3万亩，而这还是比较保守的估计，因为敦煌的寺院及僧尼人数并未全部统计在内。又据文书S.2669《沙州大乘圣光等寺尼籍》[②]载："大乘寺尼应管总二百九人"[③]"圣光寺应管尼总七十九人"[④]。由于文书残缺，仅知二寺应管尼的总数。

唐宋时期不同阶段，敦煌的寺院和僧尼人数也不同，释占土地数也当不同。在蕃占时期，敦煌的佛教较唐朝更为兴盛，寺院、僧尼享有的特权更多。均田制崩溃后，国家并未明文规定寺院常住田和僧尼私人田是否收归国有，释占地产则顺理成章地成为释家产业并保持到吐蕃时代。

[①] 说明：（1）计有开元、乾元、龙兴、大云、报恩、净土、莲台、三界、大乘、安国、灵修、圣光等12寺。施萍婷主撰稿，邰惠莉助编，敦煌研究院编：《敦煌遗书总目索引新编》，北京：中华书局，2000年，第80页。（2）《英藏敦煌文献（汉文佛经以外部分）》第4卷（S.2092－S.3046），成都：四川人民出版社，1991年，第122—128页。

[②] 说明：仅存大乘、圣光二寺数据。施萍婷主撰稿，邰惠莉助编，敦煌研究院编：《敦煌遗书总目索引新编》，北京：中华书局，2000年，第81页。

[③]《英藏敦煌文献（汉文佛经以外部分）》第4卷（S.2092—S.3046），成都：四川人民出版社，1991年，第176页。

[④]《英藏敦煌文献（汉文佛经以外部分）》第4卷（S.2092—S.3046），成都：四川人民出版社，1991年，第179页。

寺院僧众占有如此多的土地，其经营状况不外乎出租、自耕以及佃种三种。

寺院土地的出租，如 P.4694《某寺诸色斛斗入破历算会牒残卷》载："麦柒拾贰硕自年碾颗入。壹拾硕柒斗阶和王富德厨田入。玖硕叁斗范政子厨田入。两硕五斗索儿儿厨田入。壹硕宜秋索通达厨田入。叁斗孟受马清子厨田入。"[①] 这是一件反映敦煌某寺地租收入的残文书，某寺出租的 5 块田地共收租 23.8 硕。

由于寺院占有大量的土地，所以，也可将寺院经济称之为庄园经济，其继承于魏晋南北朝隋时期，发展并完善于唐朝。寺院的地产大多来自于国家或地方政权的颁赐。庄园经济包括农业、畜牧业、酿酒业、碾硙业、榨油业、高利贷等，按照封建世俗地主的方式进行经营。其性质为寺院占有制，即寺院全体僧众的共同所有制，或称集体所有制。

除上述收入外，寺院群体还有质钱借贷利息，即从事高利贷活动所获取的收入，以及来源于敦煌社会僧俗施舍的寺院宗教收入。

（三）普通民众群体（普通群体）

普通群体指农民及其他劳动者群体，处于唐宋时期敦煌社会的底层。社会地位低下、收入微薄、消费不足，是这个群体的特点。

农耕收入，是中国古代农民经济收入的主要来源，唐宋时期

---

① 唐耕耦、陆宏基：《敦煌社会经济文献真迹释录》（第 3 辑），北京：全国图书馆文献缩微复制中心，1990 年，第 565 页。

敦煌地区的农民收入亦不例外。而这项收入的多少，直接取决于占有土地的多寡。无论是在唐前期、吐蕃占领时期，还是在归义军时期，敦煌农民的耕地主要受自官府。唐前期，官府以均田制授予农民口分田、永业田。蕃占时期，则实行计口授田，初期每口平均10亩（以后并未进行还授）。归义军时期主要以请田制度分配调整耕地。所有这些受之于官的土地，百姓均无完全所有权，仅有经营使用权。个体农户除由官府请授土地外，还通过买卖或继承等手段占有私地"自田"，均田制下的永业田可转化为私田。

除来源于土地的主要收入之外，还有因唐宋时期敦煌社会租佃关系的流行，通过出租土地或充当雇工而获取的收入。如S.5927V《樊曹子、刘加兴租佃土地契》[①]载：

（一）

1. 天复二年壬戌岁次（岁次壬戌）十一月九日，

2. 慈惠乡百姓刘加兴城东

3.（渠上）地四畦共十亩，阙乏人力，

4. 奠（佃）种不得，遂租与当乡

5. 百姓樊曹子奠（佃）种三年。断

---

① 说明：（1）按：天头有"天复二年壬戌岁次十一月九日"字样。施萍婷主撰稿，邰惠莉助编，敦煌研究院编：《敦煌遗书总目索引新编》，北京：中华书局，2000年，第186页。（2）《英藏敦煌文献（汉文佛经以外部分）》定名为"天复二年（902年）十一月九日慈惠乡百姓刘加兴出租土地契二通"。《英藏敦煌文献（汉文佛经以外部分）》第9卷（S.5645—S.5964背），成都：四川人民出版社，1994年，第213页。

6. 作三年价直（值）：干货斛斗壹拾贰石，

7. 麦粟五石，布壹匹肆拾尺，又布三丈。

8. 布壹匹，至到五月末分付，又布三

9. 丈余到其上（并分付刘加兴）。

10. 是日，一任租地人三年蓂（佃）种不（卜）许刘加兴，

11. 三年除外并不珍（准）刘加兴论限。

12. 其地及物，当日交相分付，

13. 两共对面平章，一定与后，不许休悔。如休悔者，罚王（？）六入不悔人

（二）

1. 天复二年壬戌，岁次十一月

2. 九日，慈惠乡百姓樊曹子

3. 遂租当乡百姓刘加兴

4. 城东（渠上）地四畦共十

5. 亩。

（以下空白）①

由于刘加兴家中"阙乏人力"，故而将土地租种于樊曹子，并收取干货、麦粟、布作为租税，纳入家庭收入。

再如 S.3877V《戊戌年（938 年）正月沙州洪润乡百姓令狐

---

① 唐耕耦、陆宏基：《敦煌社会经济文献真迹释录》（第 2 辑），北京：全国图书馆文献缩微复制中心，1990 年，第 25 页。

安定状》^①载：

1. 戊戌年正月二十五日立契，洪润乡百姓令孤安定，为缘家内
2. 欠阙人力，遂于龙勒乡百姓就聪儿……造作一年。从
3. 正月至九［月］末，断作价直（值），每月五斗。现与春肆个
4. 月价，余收（外）勒到秋，春衣壹对，汗衫绲（缦）裆并
5. 鞋壹两，更无交加。其人立契，便任入作，不
6. 得抛工。［抛工］一日，勒物一斗。忽有死生，宽容三日，然后
7. 则须驱驱。所有农具什［物］等，并分付与聪儿，不
8. 得非理打损牛畜。［如］违打，倍（赔）在作人身。两共对
9. 面，稳审平章，更不许休悔。如先［悔］者，罚羊
10. 一口，充入不悔人。恐人无信，故勒此契，用为后验。

---

① 说明：（1）此依荣新江定名。施萍婷主撰稿，邰惠莉助编，敦煌研究院编：《敦煌遗书总目索引新编》，北京：中华书局，2000年，第117页。（2）《英藏敦煌文献（汉文佛经以外部分）》定名为"戊戌年正月廿五日沙州洪润乡百姓令狐安定雇工契"。《英藏敦煌文献（汉文佛经以外部分）》第5卷（S.3048—S.4220），成都：四川人民出版社，1992年，第190页下栏。

（以下空白）①

　　这篇晚唐时期的文献,不仅可以让我们了解当时雇工的季节、时限、雇价、条件和实施保证等一系列问题,而且可以明确作为除农耕收入之外的雇工收入的依据。唐宋时期,普通民众群体中,贫者居多。因土地分配不均,加之蕃占时期、归义军时期的战争动乱,处于贫困状态的人数仍占多半,收入微薄,消费不足。

---

　　① 唐耕耦、陆宏基:《敦煌社会经济文献真迹释录》(第2辑)。北京:全国图书馆文献缩微复制中心,1990年,第55页。

第二章
衣食住行消费：文化认同的构建

> 某乙铺上新铺货，要者相问不须过，交关市易任平章，卖（买）物之人但且坐。某乙铺上且有：橘皮胡桃禳（瓤），栀子高良姜，陆路诃黎勒，大腹及槟榔。亦有荜萝荜拨，芫荽大黄；油麻椒蒜，阿（河）藕弗（佛）香；甜干枣，醋石榴，绢帽子，罗幞头；白矾皂矾，紫草苏芳；秒糖吃时牙齿美，饧糖咬时舌头甜。
>
> ——P.3644《类书习字》[①]

一、服饰消费

服饰，主要包括人们的衣、裤、帽、鞋、袜以及人的发饰和各种金银珠宝首饰。此外，诸如头巾、围巾、手帕、扇子、伞、荷包、提袋等物品，也用于服饰消费。

如年鉴学派大师布罗代尔所言："一部服饰史提出所有的问

[①]《法国国家图书馆藏敦煌西域文献》第 26 册（P.3581－P.3701），上海：上海古籍出版社，2002 年，第 201 页上栏。

题：原料、工艺、成本、文化固定性、时装、社会等级制度。服装随心所欲地变化，在社会各地揭示社会对抗的剧烈程度……假如社会处于稳定状态，那么服装的变革也不会那么大……作为一般规律，在这类社会里，只有当政治动乱打乱了整个社会秩序时，穿着才会发生变化。"① 由此可见服饰消费生活涵盖范围之广，同时服饰变迁也反映出思想的变迁和社会的波动。

在唐代的服饰消费上，从天子到庶民，朝廷制定了一整套规定，形成了上下有等、贵贱有别的阶层等级秩序。如在服色方面，高祖时期唐代百官的服色有紫、朱、黄、绿、青等。《新唐书》卷二十四载：

> 既而天子袍衫稍用赤、黄，遂禁臣民服。亲王及三品、二王后，服大科绫罗，色用紫，饰以玉。五品以上服小科绫罗，色用朱，饰以金。六品以上服丝布交梭双䌷绫，色用黄。六品、七品服用绿，饰以银。八品、九品服用青，饰以鍮石。勋官之服，随其品而加佩刀、砺、纷、帨。流外官、庶人、部曲、奴婢，则服䌷绢絁布，色用黄白，饰以铁、铜。②

唐太宗贞观年间，服色又改为紫、绯、绿、青四种色等，

---

① 〔法〕费尔南·布罗代尔著，顾良、施康强译：《15—18世纪的物质文明、经济和资本主义——日常生活的结构：可能和不可能》，北京：生活·读书·新知三联书店，2002年，第367—368页。

② 《新唐书》卷二十四《志第十四·车服志》，北京：中华书局，1975年，第527页。

图 4 女供养人服饰 莫高窟第 61 窟主室东壁 五代[①]

"其后以紫为三品之服,金玉带銙十三;绯为四品之服,金带銙十一;浅绯为五品之服,金带銙十;深绿为六品之服,浅绿为七品之服,皆银带銙九;深青为八品之服,浅青为九品之服,皆鍮石带銙八;黄为流外官及庶人之服,铜铁带銙七。"[②]

因服饰颜色的差异,唐政府出台并严格执行的服饰政策,"实际上已经人为地从服装消费方面将各消费群体进行了阶级阶层定位,这种定位将人与人之间的不平等以法定形式确立下来,使人们各守其位、不得僭越。"[③]其实,在这种严厉法令制度下,还隐

[①] 图源:数字敦煌。图片从左至右,前二人为回鹘装:桃冠、翻领、窄袖袍。第三人为汉装:莲花凤冠、花钗礼服。其余者均为汉装:凤冠、礼服。

[②]《新唐书》卷二十四《志第十四·车服志》,北京:中华书局,1975 年,第 529 页。

[③] 张雁南:《唐代消费经济研究》,济南:齐鲁书社,2009 年,第 47 页。

含着另一种意味,即文化的认同,或者说是身份区隔的体现。表现于外的服饰消费,仅仅因为直观视觉不同,就可以明白无误地辨认出"他是谁"和"我是谁"来。

唐宋时期敦煌的服饰消费又是怎样的呢?据现存敦煌石窟中壁画和塑像资料,社会服饰的内容主要有宗教人物服饰,如神、仙、佛、弟子、天王、菩萨、伎乐、飞天、罗汉、金刚、比丘、比丘尼等的服饰;世俗人物服饰,如各国(族)王子、使者、将军、武士、大臣、王妃、公主、太子、贵夫人、奴婢、侍从、工匠、农夫、渔夫、纤夫、马夫、乐工、强盗等各色人物的服饰。大致可归纳为三大类服饰:一类是以供养人为主的当世人穿着的画像

图5 骑兵铠甲 莫高窟第321窟主室南壁 初唐①

①图源:数字敦煌。骑兵头戴长帘兜鍪,可以护颈,身着半臂紧身铠甲,长至膝部,既可防护身体的重要部位,又轻便灵活,属于铠甲改进的新样式,半臂和紧身都具有突厥、回鹘骑兵铠甲的风格。军卒左手持圆盾,右手执带幡彩的长柄槊。前行者为将领,骑着佩戴五鞘孔绦带的战马,在旌旗飘扬的战场上更显威猛英姿。

似的写实性服饰;一类是故事画或雕塑中的人物穿着的贴切生活的求实性服饰;一类是神、仙、佛等神话人物穿着的浪漫化的艺术性服饰。谭蝉雪先生将古时敦煌地区的服饰特色概括为"胡服汉装呈异彩",即胡服汉装的流行和服饰文化的多元化[①]。

(一) 衣的消费

在古代,"衣"有广义和狭义之分。广义的"衣",泛指一切蔽体的东西,如头衣(帽)、上衣、下衣(裤)、足衣(鞋、袜)等等;狭义的"衣",仅指上衣。

唐宋时期敦煌社会"衣"的消费内容,即指狭义的"衣"。就社会阶层来看,一般民户的衣着消费都比较欠缺。敦煌地区虽种植桑麻,但离自给自足似还有差距。如大谷2836《敦煌县录事董文彻牒敦煌县检校营田人等牒》[②]写道:

1. 家奴客须着,贫儿又要衣充。相学鹤望和籴,
2. 谷麦漫将费尽。和籴既无定准,自惧即受单
3. 寒。岂唯虚丧光阴,赤露诚亦难忍。其桑麻
4. 累年劝种,百姓并足自供。望请检校营田官,
5. 便即月别点阅縈子及布。城内县官自巡,如有

[①] 谭蝉雪:《敦煌民俗:丝路明珠传风情》,兰州:甘肃教育出版社,2006年,第22页。

[②] 说明:(1)此为《大谷文书集成》(第1卷)定名,法藏馆(京都),1984年,第107页。(2)《敦煌社会经济文献真迹释录》定名为"长安三年(703年)三月敦煌县录事董文彻牒"。《敦煌社会经济文献真迹释录》(第2辑),北京:全国图书馆文献缩微复制中心,1990年,第328页。

6. 一家不绐绩者，罚一回车驮远使。庶望规模

7. 递洽，纯朴相依。谨以牒举，请裁，谨牒。

8. 长安三年三月日录事董文彻牒

9. 付司辩示（大）

10. 一日

11. 三月一日录事受

12. 尉摄主簿付司户

13. 检案泽白

14. 一日

15. 牒、检案连如前，谨牒。

（下略，共36行）①

这说明当时敦煌贫家衣饰欠缺，衣饰消费很大程度上仰仗于和籴。直到唐天宝年间（742—756年），敦煌和籴的规模仍然很大。P.3348V《唐天宝四载（745年）河西豆卢军和籴会计牒》②载：

（前缺）

1. 壹万肆伯伍拾伍硕肆斗壹胜捌合粟，

2. 斗估廿七文，计贰阡捌伯贰拾贰贯玖伯陆拾贰文捌分。

3. 壹万肆拾肆硕陆胜柒合斛斗，准和籴估。

---

①〔日〕龙谷大学佛教文化研究所、小田义久编：《大谷文书集成》（第1卷），京都：法藏馆，1984年，第107—108页。
②说明：仅残存52行。

4. 折填充交籴匹段本。其斛斗收附军仓，三

5. 载夏季载支粮帐讫。

6. 肆伯伍拾陆硕捌斗伍胜柒合小麦，

7. 壹伯肆拾柒硕肆斗青麦，

8. 壹伯硕肆斗豌豆，

9. 玖阡叁伯叁拾玖硕肆斗壹胜粟。

10. 壹阡壹伯壹拾陆硕捌合粟填本外

11. 利润其粟收附，同前季利润帐

12. 讫。

13. 伍阡柒伯玖拾壹硕贰斗肆胜肆合斛斗，

14. 三载冬季交籴纳，准估计当

15. 钱壹阡伍伯柒拾伍贯玖伯伍文。

16. 伍阡肆伯伍硕捌斗叁胜柒合粟，斗估廿七文，

17. 计壹阡肆伯伍拾玖贯伍伯柒拾陆文。

18. 壹拾柒硕壹斗床，斗估廿七文，计肆贯

19. 陆伯壹拾柒文。

20. 贰伯陆拾贰硕伍斗青麦，斗估卅文，

21. 计柒拾捌贯柒伯伍拾文。

22. 柒拾陆硕柒合小麦，斗估卅二文，计贰拾

23. 肆贯叁伯贰拾叁文伍分。

24. 贰拾玖硕捌斗豌豆，斗估廿九文，计捌贯

25. 陆伯肆拾贰文。

26. 阡捌伯捌拾陆硕叁斗伍胜伍合麦

27. 粟床豆等，准和籴估，折填充

28. 交籴匹段本。其斛斗收附军

29. 仓，同前载冬季载支粮帐讫。

30. 壹拾柒硕壹斗床，

31. 贰伯陆拾贰硕伍斗青麦，

32. 柒拾陆硕柒合小麦，

33. 贰拾玖硕捌斗豌豆，

34. 肆阡伍伯硕玖斗肆胜捌合粟。

35. 玖伯肆硕捌斗捌胜玖合粟填本外

36. 利润。其粟收附，同前季利润帐讫。

37. 柒仟伍伯陆拾陆硕肆斗柒胜肆合

38. 斛斗，四载春季交籴纳，准估

39. 计当前贰仟陆拾贰贯参伯

40. 壹拾柒文贰分。

41. 陆仟柒伯玖拾玖硕玖斗贰胜捌合粟斗

42. 廿柒文计壹仟捌伯参拾伍贯玖伯捌拾文伍分

43. 贰伯参拾硕陆斗青麦斗估卅文计

44. 陆拾玖贯壹伯捌拾文

45. 贰伯肆拾壹硕捌斗贰胜陆合小麦

46. 斗估卅二文计柒拾柒贯参佰捌拾肆文参分

47. 贰伯柒拾陆硕壹斗贰胜床斗估廿柒文

48. 计柒拾肆贯伍伯伍拾贰文肆分

49. 壹拾捌硕豌豆斗估廿九文计伍贯

50. 贰佰贰拾文

51. 陆仟参佰捌拾肆硕贰斗壹胜参合

52. 斛斗,准和籴估折填充交籴①

再如 P.2803b《天宝九载(750年)八月廿八日至九月十八日敦煌郡仓收入粟麦豌豆等簿》②载:

(前缺)

1. 敦煌县   状上

2. 合今载应纳种子粟壹万贰阡贰伯捌拾伍硕玖斗叁胜。

3. 洪池乡   柒伯壹拾陆硕壹斗壹胜陆合玖勺。

4. 玉关乡   壹阡肆拾壹硕肆斗贰胜玖合捌勺。

5. 効谷乡   玖伯玖硕肆斗贰胜捌合捌勺。

6. 洪闰乡   壹阡叁伯肆拾贰硕玖斗伍胜柒合。

7. 悬泉乡   壹阡伍伯壹硕陆䉤玖胜陆合。

8. 慈惠乡   壹阡柒硕陆斗柒胜。

---

① 说明:(1)唐耕耦、陆宏基:《敦煌社会经济文献真迹释录》(第1辑),北京:书目文献出版社,1986年,第426—429页。(2)《法国国家图书馆藏敦煌西域文献》第23册(P.3277—P.3370),上海:上海古籍出版社,2002年,第271—276页。

② 说明:(1)后段行间杂录索大力景福二年(893年)状、押衙张良真状稿及大唐中兴三藏圣教序等。施萍婷主撰稿,邰惠莉助编,敦煌研究院编:《敦煌遗书总目索引新编》,北京:中华书局,2000年,第255页。(2)共计16件,此录文为其中第1件。

9. 从化乡　叁伯陆拾伍硕贰斗壹胜。

10. 燉煌乡　玖伯贰硕捌斗贰合肆勺。

11. 莫高乡　捌伯柒硕伍斗叁胜玖合。

12. 龙勒乡　陆伯贰拾柒硕玖斗柒胜。

13. 神沙乡　玖伯贰拾壹硕玖胜伍合壹勺。

........谦................................

14. 平康乡　壹阡壹伯肆拾柒硕叁斗肆胜伍合。

15. 寿昌乡　玖伯玖拾肆硕陆斗柒胜。

16. 牒件状如前，谨牒。

17. 天宝九载八月廿七日，史杨元晖牒

18. 录事薛有朗

19. 宣德郎行尉程盐械

20. 廿七日，谦[1]

据此推算，当时和籴的规模约为每年 4 万石，交换的绢帛约 3 万匹。敦煌雇佣长工，多规定正月至九月底入作，供给"春衣壹对，汗衫壹领，缦裆壹腰，皮鞋壹两"。少者仅如 S.3877V《戊戌年（938年）令狐安定雇工契（抄）》"春衣壹对，汗衫缦裆并

---

[1] 参阅：(1)唐耕耦、陆宏基：《敦煌社会经济文献真迹释录》（第1辑），北京：书目文献出版社，1986年，第445—446页。(2)《法国国家图书馆藏敦煌西域文献》第18册（P.2729—P.2824），上海：上海古籍出版社，2001年，第299—304页。

鞋壹两"①，多者如天津艺博0735背《后晋天福四年（939年）姚文清雇工契（抄）》"春衣壹对，长袖壹领，汗衫壹领，褐袴壹腰，皮鞋壹量"②。普通民户的衣着也当与此相近。

与此相对，社会阶层中也有衣物甚丰的民户。9世纪中期的P.3410《沙州僧崇恩处分遗物凭据》③即为一例。崇恩俗姓索，虽出家为僧，但仍有田、农具、车乘、牛驴等。崇恩临终遗嘱"施入合城大众"衣物20余件（其他财物不计），赠侄、表弟、外甥、僧政、僧统、法律、老宿等衣物，估计也有20件左右。此外，还有"崇恩亡后衣服：白绫袜壹量，浴衣壹，长绢裈壹，赤黄锦壮袴壹腰，京褐夹长袖壹，独织紫绫壮袄子壹领，紫绫裙衫壹对，紫绫柒条，袈裟壹条，紫罗庐山帽壹顶，覆面绵壹屯，覆面青纱壹段"。

（二）鞋帽消费

唐宋时期，男子常头戴巾子（或称"幞头"），不分贵贱，上

---

① 参阅：（1）唐耕耦、陆宏基：《敦煌社会经济文献真迹释录》（第2辑），北京：全国图书馆文献缩微复制中心，1990年，第55页。（2）《英藏敦煌文献（汉文佛经以外部分）》定名为"戊戌年正月廿五日沙州洪润乡百姓令狐安定雇工契"。《英藏敦煌文献（汉文佛经以外部分）》第5卷（S.3048—S.4220），成都：四川人民出版社，1992年，第190页下栏。

② 唐耕耦、陆宏基：《敦煌社会经济文献真迹释录》（第2辑），北京：全国图书馆文献缩微复制中心，1990年，第62页。

③ 参阅：（1）唐耕耦、陆宏基：《敦煌社会经济文献真迹释录》（第2辑），北京：全国图书馆文献缩微复制中心，1990年，第150—152页。（2）《法国国家图书馆藏敦煌西域文献》定名为"沙州僧崇恩析产遗嘱"。《法国国家图书馆藏敦煌西域文献》第24册（P.3371—P.3508），上海：上海古籍出版社，2002年，第129—130页。

图6 女供养人 莫高窟第12窟甬道北壁 晚唐①

下通用,样式也富于变化;也有戴帽者,如毡帽、风帽和斗笠等。

据敦煌莫高窟壁画,较典型的鞋履形制归纳成8种,分别为重台履、丛头履、小头履、分梢履、云头履、乌皮靴、草鞋和麻鞋,就数量来说并不多,但应为当时真实存在的鞋履形制。其中乌皮靴在唐代盛行,不论贵贱均可穿着。壁画中反映的穿乌皮靴的人物形象既有官吏,又有马夫,与文献记载中的"其折上巾,乌皮六合靴,贵贱通用"十分吻合。此外,乌皮靴在当时还为舞乐者

---

① 图源:数字敦煌。女供养人三身,一身已模糊。

所穿着。盛唐第445窟北壁壁画"弥勒经变"嫁娶图中跳舞的童子，便穿着乌皮靴。就社会阶层看，唐宋时期不同阶层、不同群体的鞋履消费还是有很大差别的，如帝王、贵妇等上层阶级多穿着重台履、丛头履等形制精美的高头鞋履，船夫、农夫等劳动人民多着草鞋、麻鞋等简单轻便的鞋履。

（三）女性化妆消费

唐宋时期，女性化妆消费日趋奢靡，从额上到脖颈始有装饰品，面部也有妆靥。佩饰少者有珠珞索一串，多者六七种，以瑟瑟、玛瑙、玉石、金银等为料，面部妆容多用硬纸、金箔、鱼鳃骨、田螺壳、蜻蜓翅、云母片及翡翠等剪成的小靥、圆靥腮、花靥、花叶靥、雀鸟靥等以呵胶贴于脸上。①

二、饮食消费

"人类社会是在征服、利用自然的活动中形成的，随着社会生产力的发展、生产方式的不断变化，社会生产不断为人们提供衣食住行的物质资料，保证了人们的消费，然后可以从事其他社会劳动。所以人类的历史活动，首先是以满足生活需要的衣、食、住、行生活资料的消费为基础的。"②而"食"在这四要素中，可以

---

① 谭蝉雪：《敦煌民俗：丝路明珠传风情》，兰州：甘肃教育出版社，2006年，第27页。

② 常建华：《社会生活的历史学：中国社会史研究新探》，北京：北京师范大学出版社，2004年，第195页。

说居于首位，正所谓"王者以民为天，而民以食为天"。①

唐宋时期敦煌的饮食消费又是怎样的呢？据杨际平先生的分析，5—10世纪敦煌一般家庭的年收入中，有一半左右用于饮食消费。②由此可见，饮食消费在唐宋时期敦煌民众的生活消费中所占比重较大。

（一）主食消费

唐宋时期的敦煌，粮食作物品种丰富，主要包括麦类、粟类、豆类和稻类。

这一时期，主食消费品种原料以小麦为主，并在食用前进行必要的加工。加工后的品种可分为生食和熟食。

生食品种以磨成的面粉为主要消费品种，可分为白面、粗面、𥹢面类③。如 S.527《显德六年（959 年）女人社社约》④载："人各油壹合，白面壹斤，粟壹斗。"⑤S.1519《某寺油面破历辛亥年十二月某寺直岁法胜所破油面历》载："又面叁升，麄（粗）面

---

① 《史记》卷九十七《郦生陆贾列传第三十七》，北京：中华书局，1959 年标点本，第 2694 页。

② 杨际平、郭锋、张和平：《五—十世纪敦煌的家庭与家族关系》，长沙：岳麓书社，1997 年，第 91 页。

③ 高启安：《唐五代敦煌饮食文化研究》，北京：民族出版社，2004 年，第 9—11 页。

④ 说明：（1）此文书首尾俱全。施萍婷主撰稿，邰惠莉助编，敦煌研究院编：《敦煌遗书总目索引新编》，北京：中华书局，2000 年，第 18 页。（2）黄征：《敦煌俗字典》，上海：上海教育出版社，2005 年，第 275 页。黄征先生定名为"显德六年正月三日女人社再立条件"。

⑤ 《英藏敦煌文献（汉文佛经以外部分）》第 2 卷（S.525—S.1380），成都：四川人民出版社，1990 年，第 5 页下栏。

图 7　磨面　莫高窟第 321 窟主室南壁　初唐①

---

①图源：数字敦煌。两位女子磨面劳作，图中的手推磨采用了当时较为先进的曲柄摇手，能有效减轻作业者的劳动强度。

壹硕参升。"①P.4906《众僧东窟等油面抄》②载："白面伍斗,恪面壹硕,油贰升两合,造食生盛□毛用。"③

熟食消费品种繁多,以饼和馎饦为主。如 S.367《光启元年（885 年）十二月廿五日书写沙、伊等州地志》载："田夫商贩之人,唯有平铁为鏊,冬夏常食饼。"④P.2032V《维摩经疏卷第五净土寺食物等品入破历》载："煎馎饦。"⑤在敦煌的街头有专门经营各种饼的店铺,即"饼肆"。因得益于当时东来西往商客所带来的各种制饼技术,敦煌的饼种类繁多,有 30 多种,如胡饼（类似于今芝麻烧饼）、油胡饼、炉饼、白饼、薄饼、蒸饼（类似于今馒头）、烧饼、沙饼、乳饼、菜饼、煎饼、糕麋、笼饼、梧桐饼、环饼、索饼、龙虎蛇饼、菜模子、小食子等。这些饼大部分用麦面做成,少部分用糜面或粟面做成。

熟食消费受众范围广泛,其中以胡饼和馎饦最具代表性。关于胡饼将在后文"饮食消费的社会性"中论述,此不再赘述。现将熟食中的典型消费品种之馎饦,加以细述。

---

①《英藏敦煌文献（汉文佛经以外部分）》第 3 卷（S.1386—S.2081）,成都：四川人民出版社,1990 年,第 88 页上栏。

②说明：一节 32 行,另一节 27 行。施萍婷主撰稿,邰惠莉助编,敦煌研究院编：《敦煌遗书总目索引新编》,北京：中华书局,2000 年,第 329 页。

③《法国国家图书馆藏敦煌西域文献》第 33 册（P.4647—P.4999）,上海：上海古籍出版社,2005 年,第 257 页上栏。

④《英藏敦煌文献（汉文佛经以外部分）》第 1 卷（S.10—S.522）,成都：四川人民出版社,1990 年,第 158 页上栏。

⑤《法国国家图书馆藏敦煌西域文献》第 2 册（P.2032—P.2039）,上海：上海古籍出版社,1994 年,第 27 页上栏。

图8　制作烧饼（五台山灵口之店）　莫高窟第61窟　五代

　　馎饦，是唐宋时期北方面食消费品种之一，亦称羹饦、汤饼，是至今仍在河西走廊流行的"揪片子"之类的面食。束皙《饼赋》云："于是火盛汤涌，猛气蒸作，攘衣振裳，握搦䬼拃。面弥离于指端，手萦回而交错，纷纷驳驳，星分雹落。"①《新唐书·列传第一·后妃上》载王皇后被唐玄宗废后时曾讲："陛下独不念阿忠脱紫半臂易斗面，为生日汤饼邪？"②欧阳修《归田录》："汤饼，唐人谓之不托，今俗谓之馎饦矣。"③

---

①《初学记》卷二十六《饼第十七》，北京：中华书局，1962年，第643—644页。
②《新唐书》卷七十六《列传第一·后妃上·王皇后》，北京：中华书局，1975年，第3491页。
③〔宋〕欧阳修：《归田录》卷二，〔宋〕欧阳修等撰，韩谷等校：《归田录（外五种）》，上海：上海古籍出版社，2012年，第23页。

敦煌文书中也有多篇关于馎饦的文献记载，如P.3302V《长兴元年（930年）河西都僧统依宕泉建窟一所上梁文》载："海印极甚辛苦,四更便起打钟,调停一镬馎饦,一杓先入喉中。"①P.2641《丁未年六月都头知宴设使呈设宴账目》："（六月五日）勾当修宅押衙宋迁司等贰人……早上馎饦。""宅官张海清一人,早上馎饦。"②馎饦的汤中有调料、油和腥（肉羹），僧人持斋者食素。S.1366《使衙油面破历》："廿七日寒食座设……僧家馎饦面五斗油一升。"③P.3231《癸酉年至丙子年平康乡官斋籍》："羹托（饦）（造作者七人）付面六斗、油一升。""羹托（饦）（造作者约十人）付面七斗、油一升。"④P.4693《官斋历》："羹饦（造作者十人）付面六斗、油一升。"⑤P.4909《辛巳年十二月东窟油面抄》："勃（馎）托（饦）面贰斗。"⑥

---

①《法国国家图书馆藏敦煌西域文献》第23册（P.3277—P.3370），上海：上海古籍出版社,2002年,第126页下栏。

②《法国国家图书馆藏敦煌西域文献》第17册（P.2631—P.2728），上海：上海古籍出版社,2001年,第62页上栏。

③《英藏敦煌文献（汉文佛经以外部分）》第2卷（S.525—S.1380），成都：四川人民出版社,1990年,第278页下栏。

④说明：（1）背有许多账项,惜胶卷看不清。法国目录列了14项。施萍婷主撰稿,邰惠莉助编,敦煌研究院编：《敦煌遗书总目索引新编》,北京：中华书局,2000年,第273页。（2）《法国国家图书馆藏敦煌西域文献》第22册（P.3137—P.3276），上海：上海古籍出版社,2002年,第212页。

⑤《法国国家图书馆藏敦煌西域文献》第33册（P.4647-P.4999），上海：上海古籍出版社,2005年,第109页下栏。

⑥《法国国家图书馆藏敦煌西域文献》第33册（P.4647—P.4999），上海：上海古籍出版社,2005年,第260页下栏。

通过分析，可以发现：

第一，唐宋时期敦煌民众的早餐消费形式，主要以食用馎饦为主。如P.3302V《长兴元年（930年）河西都僧统依宕泉建窟一所上梁文》载："海印极甚辛苦，四更便起打钟，调停一镬馎饦，一杓先入喉中。"①P.2641《丁未年六月都头知宴设使呈设宴账目》中也几次提到"早上馎饦"。

第二，夏季和冬季均可食用，馎饦的消费时间不受季节限制。传统文献中对于馎饦消费季节的文字记载多集中于冬季。《唐六典》卷十五载："冬月则加造汤饼及黍臛，夏月加冷淘、粉粥。"②刘禹锡《翠微寺有感》："汤饼赐都尉，寒冰颁上才。"③虽然《荆楚岁时记》载"伏日，并作汤饼，名为'辟恶饼'"，并按《魏氏春秋》"何晏以伏日食汤饼"，记载了自三国时期就有夏季吃汤面的消费习俗，④但正如《饼赋》云："玄冬猛寒，清晨之会，涕冻鼻中，霜凝口外。充虚解战，汤饼为最。"⑤也许在中原民众的心目中，冬日才是最宜吃馎饦的季节。但据敦煌文献的记载，唐宋时期敦煌民众的馎饦消费似不受季节的限制，如上述列举文献P.2641《丁

---

① 《法国国家图书馆藏敦煌西域文献》第23册（P.3277—P.3370），上海：上海古籍出版社，2002年，第126页下栏。

② 《唐六典》卷十五《光禄寺》，北京：中华书局，2014年，第446页。

③ 陈贻焮等：《增订注释全唐诗》卷三四三《刘禹锡 一》，北京：文化艺术出版社，2001年，第1541页。

④〔南朝〕宗懔撰，宋金龙校注：《荆楚岁时记》，太原：山西人民出版社，1987年，第53页。

⑤《初学记》卷二十六《饼第十七》，北京：中华书局，1962年，第643页。

图 9　楞伽经变之肉坊　莫高窟第 85 窟　晚唐①

未年六月都头知宴设使呈设宴账目》②中的"六月五日"、P.4909《辛巳年十二月东窟油面抄》③中的"十二月十三日"均记载食用馎饦。

第三，馎饦的消费群体较为广泛，集中于这一时期敦煌消费群体结构的中层和下层。如上述文献 P.2641《丁未年六月都头知宴设使呈设宴账目》中的"押衙宋迁司等贰人""宅官张海清一

---

① 图源：数字敦煌。壁画中肉坊的架子上挂满待售的肉，品种十分丰富。
②《法国国家图书馆藏敦煌西域文献》第 17 册（P.2631—P.2728），上海：上海古籍出版社，2001 年，第 62 页。
③ 说明：(1) 残存 25 行。施萍婷主撰稿，邰惠莉助编，敦煌研究院编：《敦煌遗书总目索引新编》，北京：中华书局，2000 年，第 329 页。(2)《法国国家图书馆藏敦煌西域文献》第 33 册（P.4647—P.4999），上海：上海古籍出版社，2005 年，第 260 页下栏。

人"①，S.1366《使衙油面破历》中的"僧家"②等。

(二) 副食消费

1. 肉食消费

肉食消费，特指唐宋时期敦煌民众除主食之外的肉类消费。

《唐会要》载："且如江南诸州，乃以鱼为命。河西诸国，以肉为斋。"③这就概略说出了南北饮食的差异，以及"河西诸国"肉类消费的习俗。根据黄征先生的研究，敦煌文献中有关"肉"字条，共有10种写法，但所举文献几乎都是佛经，并不是直接解释日常生活中的肉食消费。④

郑炳林先生在《唐五代敦煌畜牧区域研究》中指出，畜牧业一直是敦煌地方经济的重要组成部分。⑤加之敦煌曾被吐蕃占领过半个多世纪，吐蕃人的生活习惯也影响了敦煌人，因此肉食消费也是唐宋时期敦煌民众饮食消费结构中的重要组成部分。肉食消费的原料主要来源于饲养的家畜、家禽肉、乳品及打猎所获取的野生物。⑥而这其中，又以饲养牛羊为唐宋时期敦煌民众肉食

---

① 《法国国家图书馆藏敦煌西域文献》第17册（P.2631—P.2728），上海：上海古籍出版社，2001年，第62页。

② 《英藏敦煌文献（汉文佛经以外部分）》第2卷（S.525—S.1380），成都：四川人民出版社，1990年，第278页下栏。

③ 《唐会要》卷四十一《断屠钓》，北京：中华书局，1955年，第731页。

④ 黄征：《敦煌俗字典》，上海：上海教育出版社，2005年，第340—341页。有多条关于"肉"的记载。

⑤ 郑炳林：《敦煌归义军史专题研究》，兰州：兰州大学出版社，1997年，第205页。

⑥ 高启安：《唐五代敦煌饮食文化研究》，北京：民族出版社，2004年，第44页。

消费的主要来源。在多件敦煌文献中有"条(调)饭羊壹口"及食用牛肉的记载。如P.4635《造瓨得买粟账》载:"第三年东河邓军使庄造瓨得麦两石八斗,得粟两石,还史康七羊价粟一石;第四年东河邓军使庄不得物,其物还一面牛肉价。"①P.3272《丙寅年牧羊人兀宁牒状》中,有祭祀时用羊的记录:"伏以今月一日,岁祭拜白羊羯壹口,节料用白羊羯壹口,定兴郎君踏舞来白羊羯壹口。"②在S.3728《乙卯年押衙知柴场司安祐成牒五通并判》中也有祭拜时煮肉的记载,说明在有关的祭祀中,都要杀羊作牺牲。

  伏以今月廿三日马群赛神,付设司柽刺三束。廿四日于阗使赛神,付设司柴壹束,马院看工匠,付设司柴壹束。廿七日看甘州使,付设司柴两束。十三日供西州使人,逐日柴壹束,至贰拾肆日,断。未蒙判凭,伏请处分。乙卯年二月日押衙知柴场司安祐成。为凭廿八日(鸟形画押)。③

《唐六典》记载了唐朝政府供给各级官员的食料,其中对亲

---

①法国国家图书馆藏敦煌西域文献》第32册(P.4526—P.4646),上海:上海古籍出版社,2005年,第221页下栏。

②说明:(1)有判凭并有鸟形画押。施萍婷主撰稿,邰惠莉助编,敦煌研究院编:《敦煌遗书总目索引新编》,北京:中华书局,2000年,第275页。(2)《法国国家图书馆藏敦煌西域文献》第22册(P.3137—P.3726),上海:上海古籍出版社,2002年,第336页上栏。

③《英藏敦煌文献(汉文佛经以外部分)》第5卷(S.3048—S.4220),成都:四川人民出版社,1992年,第152页上栏。

图 10　撒网捕鱼　莫高窟第 296 窟　北周

王以下所赐食料中有"每月给羊二十口；猪肉六十斤；鱼三十头，各一尺；酒九斗"①的规定,可知羊肉远远多于猪肉。在所有归义军衙内文书和寺院的账籍中，并没有发现关于食用猪肉的记载，这也许与所引社会经济文献大多为寺院和归义军面油破历有关。但是正如高启安先生所分析的那样："不记载并不等于没有饲养、没有食用，许多人名叫'猪儿''猪子'，说明敦煌人对猪是很熟悉的。"而且，在敦煌壁画中有数幅屠宰和卖肉的图画，如莫高窟第 61 窟（五代）南壁卖肉图、莫高窟第 85 窟（晚唐）东披的卖肉者及肉铺图、莫高窟第 156 窟（晚唐）的卖肉者图等。

《唐六典》卷四记载唐朝政府供给亲王以下各级官员的食料

---

①《唐六典》卷四《尚书礼部》，北京：中华书局，2014 年，第 128 页。

中,每月"鱼三十头,各一尺"①,即一天可食用一条鱼。在敦煌文献中,关于鱼肉的食用消费并没有直接记录。高启安先生根据文书P.2666V《单方》②、P.3468《驱傩二首》③、P.2005《沙州都督府图经》④219—221行"鱼泉驿"⑤、315行"鱼泽鄣"⑥的文字记录,认为"敦煌产鱼,在其他水泽中,也有产鱼的可能,敦煌人或者偶尔吃一点鱼"⑦。究竟唐宋时期的敦煌人吃鱼状况如何,哪些人吃鱼,是否有等级区别等一系列问题,都有待进一步探析。

2. 乳制品消费

由于历史的传统和少数民族的生活习惯,乳制品消费也是唐

---

① 《唐六典》卷四《尚书礼部》,北京:中华书局,2014年,第128页。

② 说明:(1)如"夫妇不和烧鼠尾和酒共服"之类。施萍婷主撰稿,邰惠莉助编,敦煌研究院编:《敦煌遗书总目索引新编》,北京:中华书局,2000年,第249页。(2)《法国国家图书馆藏敦煌西域文献》第17册(P.2631—P.2728),上海:上海古籍出版社,2001年,第145—147页。

③ 说明:(1)题记:唐再安。写本的抄写者录下了某驱傩词中的第二、第五两首。施萍婷主撰稿,邰惠莉助编,敦煌研究院编:《敦煌遗书总目索引新编》,北京:中华书局,2000年,第283页。(2)《法国国家图书馆藏敦煌西域文献》第24册(P.3371—P.3508),上海:上海古籍出版社,2002年,第284页上栏。

④ 说明:(1)残存四段。按:背有"敕河西节度归义军使等检授兵部尚书兼义使/大夫赐紫金鱼袋南阳郡开国公石(食)邑三百"二行。施萍婷主撰稿,邰惠莉助编,敦煌研究院编:《敦煌遗书总目索引新编》,北京:中华书局,2000年,第219页。(2)《法国国家图书馆藏敦煌西域文献》第1册(P.2001—P.2031),上海:上海古籍出版社,1995年,第43—64页。

⑤ 唐耕耦、陆宏基:《敦煌社会经济文献真迹释录》(第1辑),北京:书目文献出版社,1986年,第11页。

⑥ 唐耕耦、陆宏基:《敦煌社会经济文献真迹释录》(第1辑),北京:书目文献出版社,1986版,第15页。

⑦ 高启安:《唐五代敦煌饮食文化研究》,北京:民族出版社,2004年,第46页。

图 11　二女煮乳　莫高窟第 61 窟主室北壁　五代①

宋时期敦煌民众消费结构中的重要组成部分。所饲养的牛羊是乳制品的主要来源。

敦煌文献中有不少关于民众食用奶酪的记载。如 P.2049V《净土寺直岁愿达牒》载:"粟壹斗,与牧羊人送乳饼用。"②"面贰斗,与牧羊人送乳饼用。"③S.1267V《僧团法事应纳诸色斛斗数及职事目历》中记载:"乳饼面二斗五升。"④吐蕃占领时期,吐蕃喜

---

① 图源:数字敦煌。旁有奶牛,两妇女在煮奶,锅上热气腾腾。旁边题记描述为:二女煮乳。

② 《法国国家图书馆藏敦煌西域文献》第3册(P.2040—P.2058),上海:上海古籍出版社,1994 年,第 249 页上栏。

③ 《法国国家图书馆藏敦煌西域文献》第3册(P.2040—P.2058),上海:上海古籍出版社,1994 年,第 252 页上栏。

④ 《英藏敦煌文献(汉文佛经以外部分)》第2卷(S.525—S.1380),成都:四川人民出版社,1990 年,第 257 页上栏。

食奶酪的饮食风俗，不仅影响到敦煌社会的一般人，也将其影响延伸到寺院中的僧人，并一直将这种饮食消费习俗延续到后代。大部分寺院的"破历"中都有关于"酥"的记载。大量有关酥的文献记录说明，唐宋时期食用酥油的消费群体主要集中于上层和中层，即特权群体和特殊群体，而且他们食用酥油的现象比较普遍。①

3. 油料消费

唐宋时期敦煌民众油料消费的主要原料作物为胡麻、大麻和红蓝。这其中最具特色的首推红蓝消费。"红蓝"，有时也写作"洪蓝"。苏金花指出："红蓝的花称为红花，多以斤论；子实称之为红蓝，乃以斗量。"②童丕也有同样的表述，并认为红蓝"是指用于榨油前的种子"，红蓝"花籽油有助于饮食消化的功能。这种质量好、产量少的油大概是限于高层阶级人使用。"③从现代生活来看，红花的用途有四：一是食用，二是油用，三是药用，四是染色。④

---

① 高启安：《唐五代敦煌饮食文化研究》，北京：民族出版社，2004年，第46页。

② 苏金花：《唐五代敦煌绿洲农业研究》，博士学位论文，中国社会科学院研究生院，2002年，第83页。

③〔法〕童丕：《据敦煌写本谈红蓝花——植物的使用》，胡素馨：《佛教物质文化——寺院财富与世俗供养国际学术研讨会论文集》,上海：上海书画出版社,2003年，第261—267页。

④ 参考：（1）刘进宝：《唐宋之际归义军经济史研究》，北京：中国社会科学出版社，2007年，第275页。（2）赵丰：《红花在古代中国的传播、栽培和应用——中国古代染料植物研究之一》，《中国农史》，1987年03期，第61—71页。(3) 苏金花：《唐五代敦煌绿洲农业研究》，博士学位论文，中国社会科学院研究生院，2002年，第82—84页。

敦煌文献中有不少关于红蓝用于食用油消费的记载，如S.4782《乾元寺堂斋修造两司都师文谦状（首题）》[1]载"壹硕壹斗粟面，伍斗肆升洪蓝，叁升半米"。[2] P.2567V《癸酉年（793年）二月沙州莲台寺诸家散施历状》载"红蓝柒硕叁斗"。[3] S.6064《报恩寺午年正月一日至未年正月十六日诸色斛斗入破历计会》载"一石五斗红蓝"。[4] P.6002《七月十五日修造等诸色破用历》载"贰斗肆胜洪蓝"。[5] P.3446《吐蕃巳年（789年）沙州仓曹会计历》载"壹硕叁斗红蓝"。[6]

---

[1] 说明：即丑年二月廿日，都师文谦接管前都师神宝幢手下之财物账。施萍婷主撰稿，邰惠莉助编，敦煌研究院编：《敦煌遗书总目索引新编》，北京：中华书局，2000年，第149页。

[2]《英藏敦煌文献（汉文佛经以外部分）》第6卷（S.4226—S.4901），成都：四川人民出版社，1992年，第259页下栏。

[3] 说明：（1）此依《敦煌遗书总目索引新编》定年。施萍婷主撰稿，邰惠莉助编，敦煌研究院编：《敦煌遗书总目索引新编》，北京：中华书局，2000年，第243页。（2）《法国国家图书馆藏敦煌西域文献》第15册（P.2507—P.2560），上海：上海古籍出版社，2001年，第326页下栏。

[4]《英藏敦煌文献（汉文佛经以外部分）》第10卷（S.5966—S.6307），成都：四川人民出版社，1994年，第64页上栏。

[5] 说明：（1）共六十四行。行文中有"已上寅年""已上卯年"记事。施萍婷主撰稿，邰惠莉助编，敦煌研究院编：《敦煌遗书总目索引新编》，北京：中华书局，2000年，第337页。（2）《法国国家图书馆藏敦煌西域文献》第34册（P.5000—P.6038），上海：上海古籍出版社，2005年，第331页上栏。

[6] 说明：（1）此依王永兴定名。 施萍婷主撰稿，邰惠莉助编，敦煌研究院编：《敦煌遗书总目索引新编》，北京：中华书局，2000年，第283页。（2）《法国国家图书馆藏敦煌西域文献》第24册（P.3371—P.3508），上海：上海古籍出版社，2002年，第229页下栏。

4. 调味品消费

唐宋时期敦煌地区民众调味品消费种类较多，主要有花椒、生姜、盐、豉、醋、酱、浆水等。花椒和生姜来自外地，P.3909V《今时礼书本（首题）》载："聊（辽）东九（酒）味，西国胡杨，拟成挂（桂）昔，秦地生姜。"① 可见，"秦地生姜"乃为上品。敦煌的姜来源于外地②，因而其消费价格并不便宜。据 P.3034V《买姜布账》记载，每两姜的价格为 50—60 文钱③。其他调料均在当地制作。

S.1733《某寺诸斛斗破历》载："面六斗，沽醋三斗。"④ 据高启安先生推测，这应该是敦煌当时的醋价。换句话说，这很有可能是当时敦煌地区醋的平均消费价格。敦煌文献中，还有不少关于寺院自己酿造、或用原料去街上换取醋酱的记载，这说明当时敦煌醋酱的消费市场比较稳定，有相对固定的醋酱供应渠道和消费群体。如 P.4957《麦粟油黄麻豆布等入破历》载"白面柒斗，油贰升，估醋麦壹斗肆升，荜豆贰升，煮粥叁瓮"。⑤ S.6981《辛

---

① 说明：（1）残存论通婚书法第一、论障车词法第八。施萍婷主撰稿，邰惠莉助编，敦煌研究院编：《敦煌遗书总目索引新编》，北京：中华书局，2000年，第304页。（2）黄征、吴伟编校：《敦煌愿文集》，长沙：岳麓书社，1995年，第974页。

② 高启安：《唐五代敦煌饮食文化研究》，北京：民族出版社，2004年，第51页。

③《法国国家图书馆藏敦煌西域文献》第21册（P.2999—P.3138），上海：上海古籍出版社，2002年，第128—129页。

④《英藏敦煌文献（汉文佛经以外部分）》第3卷（S.1386—S.2081），成都：四川人民出版社，1990年，第139页上栏。

⑤《法国国家图书馆藏敦煌西域文献》第33册（P.4647—P.4999），上海：上海古籍出版社，2005年，第305页上栏。

酉至癸亥三年间灵修寺诸色斛斗入破历计会》载"麦四斗,粟四斗,春秋卧醋阁梨手上领入"。①P.2040V《净土寺食物等品入破历》载"麸叁硕,春卧醋用"。②P.3644《类书习字》录有两首店铺叫卖韵语,其中一篇云:"某乙铺上且有:……栀子高良姜,陆路诃黎勒,大腹及槟榔。亦有荜萝荜拨,芜荑大黄;油麻椒蒜,阿(河)藕弗(佛)香;……"③

5.蔬菜、瓜果消费

唐宋时期,敦煌已有发达的园圃经济,除了私人经营蔬菜的种植和买卖外,许多寺院都拥有菜园,消费品种有萝卜、生菜、蔓菁、葱、蒜、韭菜、葫芦、豇豆、苜蓿等。敦煌百姓还采集一定的野生植物和菌类,如草豉、荠菜、菌子、马芹子等,用以补充蔬菜的不足和改善口味。如P.3490V《辛巳年正月一日已后破历》载:"面壹斗,园间累(垒)胡卢架墙众僧食(用)。"④胡卢,即葫芦,今兰州人俗称为"番瓜"。P.4906《众僧东窟等油面抄》

---

①《英藏敦煌文献(汉文佛经以外部分)》第12卷(S.6981—S.9953),成都:四川人民出版社,1995年,第1页。

②《法国国家图书馆藏敦煌西域文献》第3册(P.2040—P.2058),上海:上海古籍出版社,1994年,第24页。

③《法国国家图书馆藏敦煌西域文献》第26册(P.3581—P.3701),上海:上海古籍出版社,2002年,第201页上栏。

④说明:(1)此卷法国目录正面共编了七个分号,背面编了三个分号。施萍婷主撰稿,邰惠莉助编,敦煌研究院编:《敦煌遗书总目索引新编》,北京:中华书局,2000年,第284页。(2)《法国国家图书馆藏敦煌西域文献》第24册(P.3371—P.3508),上海:上海古籍出版社,2002年,第334页上栏。

载:"白面壹斗,饹面贰斗伍升,油两合,众僧座葱食用。"①P.2838V《中和四年(884年)上座比丘尼体圆等牒》载:"麦叁斗,油壹升,城南园内种韭斋时用。"②

敦煌的果类消费品种主要有葡萄、梨、柰、果子、桃、杏、枣、胡枣、胡林子等,几乎包括了当时中国北方所有的水果。P.5034《沙州都督府图经残卷》第135行载"艳典种蒲桃于城中"。③第194行载"二所蒲桃故城,并破坏,无人居止"。④S.2593V《沙州图经残卷》第373—374行载"同心梨。右后凉录:吕光麟庆元年,燉煌献同心梨"。⑤P.3396V《沙州诸渠诸人瓜园籍》记载了50家瓜园,瓜果消费供应充足而成熟,具有一定的消费规模。⑥P.3644《类书习字》所录两首店铺叫卖韵语之一云:"某乙铺上且有:橘皮胡桃瓤(瓤)……甜干枣,醋石榴……秒糖吃时

---

① 《法国国家图书馆藏敦煌西域文献》第33册(P.4647—P.4999),上海:上海古籍出版社,2005年,第257页下栏。

② 说明:(1)后有悟真判语。施萍婷主撰稿,邰惠莉助编,敦煌研究院编:《敦煌遗书总目索引新编》,北京:中华书局,2000年,第257页。(2)《法国国家图书馆藏敦煌西域文献》第19册(P.2825—P.2907),上海:上海古籍出版社,2001年,第59页上栏。

③ 唐耕耦、陆宏基:《敦煌社会经济文献真迹释录》(第1辑),北京:书目文献出版社,1986年,第33页。

④ 唐耕耦、陆宏基:《敦煌社会经济文献真迹释录》(第1辑),北京:书目文献出版社,1986年,第36页。

⑤ 唐耕耦、陆宏基:《敦煌社会经济文献真迹释录》(第1辑),北京:书目文献出版社,1986年,第17页。

⑥ 《法国国家图书馆藏敦煌西域文献》第24册(P.3371—P.3508),上海:上海古籍出版社,2002年,第64页上栏。

图 12　山泉芭蕉　莫高窟第 112 窟主室南壁　初唐[①]

牙齿美,饧糖咬时舌头甜。"[②]文中所载瓜果消费品种丰富,几乎囊括了与今日相近的瓜果种类,且以如此流畅的叫卖韵语形式出现,可见唐宋时期敦煌瓜果消费市场是较为成熟的。据蔡秀敏

[①] 图源:数字敦煌。山泉芭蕉:在金刚山的脚下,山泉从悬崖间流出,近处有垂柳芭蕉。悬崖用皴法加晕染,树木和青草施用石绿,色彩明亮。

[②] 《法国国家图书馆藏敦煌西域文献》第 26 册(P.3581—P.3701),上海:上海古籍出版社,2002 年,第 201 页上栏。

研究，在这些瓜果当中，敦煌社会各群体经常消费食用的有：瓜、葡萄、梨、枣类、桃、石榴、李广杏、八子奈。其中，除无法确知是否为敦煌当地所产的石榴之外，其他消费品种均为敦煌本地产物，特别是李广杏和八子奈都是敦煌自唐就有的名产[①]。

（三）茶酒消费

1. 茶消费

唐建中元年（780年），陆羽撰写的《茶经》第一次全面系统地论述了茶树的来源，茶叶的功用，采茶、制茶的方法和所需用的器具设备，煮茶和饮茶的器具以及烹饮方法，收集了自上古至唐代有关饮茶和产茶地区的记述。因此，在唐宋时期，饮茶已成为中国民间普遍的消费时尚和消费习俗，敦煌地区也不例外。不过，现存敦煌文献中有关直接记载饮茶消费的文献并不是很多，主要以《茶酒论》为代表。[②]

P.2613《咸通十四年正月四日沙州某寺就库交割常住什物色目》有"柒两弗临银盏壹，并底，叁两肆钱银盏壹，肆两银盏壹"[③]的记载，P.2567V《癸酉年（793年）二月沙州莲台寺诸家散施历状》

[①] 蔡秀敏：《唐代敦煌饮食文化研究》，博士学位论文，中正大学，2003年，第219—232页。

[②] 说明：《茶酒论》是敦煌俗赋之一，共计有S.0406《茶酒论一首并序　乡贡进士王敷撰（原题）》、S.5774《茶酒论一首并序　乡贡进士王敷撰（首题）》（共14行）、P.2718b《茶酒论一卷并序　乡贡进士王敷撰（首题）》、P.2875茶须（酒）论一卷并序（首题）》、P.2972《茶酒论残卷》、P.3910a《茶酒论一卷（首题）》等6种写本，以P.2718b《茶酒论一卷并序　乡贡进士王敷撰（首题）》最为完整。

[③]《法国国家图书馆藏敦煌西域文献》第16册（P.2561—P.2630），上海：上海古籍出版社，2001年，第256页下栏。

图 13　酿酒图　榆林窟第 3 窟主室东壁　西夏①

中有"银火铁一"②"铜火铁一，铁火铁一"③的记载。高启安先生认为，前条文献中的"盏"当为一种银茶具，是唐代一种高级茶具。后条文献的记载说明，寺院当中保存这样高级的茶具，可能来自于信徒的施舍，说明当时在敦煌喝茶是一种高雅的消费

---

① 图源：数字敦煌。酿酒图：画面中央画一灶台，上安一套层叠覆压的方形器皿。科技史学家对此详加考证，认为该器皿应是用于蒸馏的蒸馏器。灶台边有两名妇女，一人蹲在灶前添薪，手中拿着吹火筒，炉膛内火焰炽烈，灶台顶部的烟囱冒出滚滚浓烟；另一人右手端着碗，正在与添薪者交谈，像是品尝过后评说新酒的优劣。地上放着木水桶、酒壶、高足碗、贮酒槽等。

② 说明：（1）银火铁是指用来烹茶拨火的银火筷。（2）《法国国家图书馆藏敦煌西域文献》第 15 册（P.2507—P.2560），上海：上海古籍出版社，2001 年，第 326 页下栏。

③《法国国家图书馆藏敦煌西域文献》第 15 册（P.2507—P.2560），上海：上海古籍出版社，2001 年，第 327 页上栏。

行为，寺院的僧侣也有时常饮茶的消费习惯。

2. 酒消费

中国利用谷物酿酒，可上溯至商周。到唐宋时期，酿酒技术、器物、设备等已有较高水平，并可酿制蒸馏酒。敦煌壁画《酿酒图》中灶台上覆叠的方形器物，据何丙郁和李约瑟合写的《中世纪早期中国炼丹家的实验设备》一文分析，应属酿造高浓度烧酒的蒸馏器。①

唐宋时期敦煌酒品消费种类繁多，划分标准也各不相同，若以消费原料划分，则有粟酒、麦酒、青稞酒、黍酒、葡萄酒等；若以消费品种划分，则有清酒、胡酒、甜酒、白酒、药酒、混合酒等。

唐宋时期敦煌民众酒的消费比较普遍，几乎各群体的人们都喜欢饮酒。归义军首领、各政权来敦煌的使节、走卒贩夫、佛门僧人等，都是酒店的常客。寺院收入的大部分粟都用来酿酒或换酒。见诸文献的酒户及酒店近30家，这还不包括寺院酿酒和大量的私人酿酒。

当时，敦煌地区酒的消费量也非同小可。归义军时期，几乎每天都给往来的各政权使节提供饮酒，平均每人每天的供酒量达2—3升。据一些文献的记载计算，一些人的饮酒消费量达到了每日5—7.5升，合今日的6—9斤。当时酒的消费品种多为粟酒，

---

① 何丙郁、李约瑟：《中世纪早期中国炼丹家的实验设备》，潘吉星：《李约瑟文集》，沈阳：辽宁科学技术出版社，1996年，第662—664页。

图 14 酒肆 莫高窟第 61 窟主室东壁 五代①

酒精含量较低,并不同于今日的白酒。

(四)胡饼消费

"民族融合的实质,是生活方式的融合。"② 而饮食消费就是生活方式其中的一种。

胡食,是对西域传入食品的称谓。《一切经音义》载:"胡食者,

---

① 图源:数字敦煌。这座酒肆为歇山顶式屋顶,正面无墙壁,侧面有窗,从屋柱间可见室内的人物活动,六人相对傍案而坐,案上设酒壶餐具。有的端碗欲饮,一人吹横笛,一人击拍板,一人双手轻轻打着拍子,与室外的舞者相呼应。舞者长衫衣襟扎入腰带内,吸气提一腿甩袖起舞。维摩诘戴纱帽,手持羽扇立于案前举手向众人作宣讲之势,室内气氛活跃,表现了维摩诘"入诸酒肆,以立其志"之题旨。人物造型真实生动,运笔磊落流畅,是一幅千年前栩栩如生的民间风俗画。

② 常建华:《社会生活的历史学:中国社会史研究新探》,北京师范大学出版社,2004 年,第 205 页。

即饆饠、烧饼、胡饼、搭纳等是。"① 汉魏开始，胡食逐渐传入内地，唐代尤为盛行。《旧唐书·舆服志》载："贵人御馔，尽供胡食，士女皆竞衣胡服。"②

唐宋时期敦煌饮食消费的一个重要特点是：胡风。在饮食消费品种中，几乎有一半是胡食或由胡食演化而来，特别是以饼为代表的面食。遍布于敦煌街头的饼肆，满足不同商人对饼的各种消费需求。

胡饼，因其制作是在炉内烘烤而成，故又称"炉饼"。S.345V《社司转帖》载："右缘（年）支见（建）福一日，人各炉饼一双。"③ S.2894V《壬申年十二月社司转帖》中"右缘常年建福一日，人各炉饼壹双，粟壹斗。幸请诸公等，帖至限今月廿二日卯时于安家酒店取齐。"④《艺文类聚》卷七十二引《三辅决录》载："赵岐避难至北海，于市中贩胡饼。"⑤《太平御览》载："续汉书曰：灵帝好胡饼，京师皆食胡饼，后董卓拥胡兵破京师之应。"⑥ 日僧圆仁在长安时曾食胡饼，并在《入唐求法巡礼行记》卷三中说："时

---

① 〔唐〕释慧琳：《一切经音义》卷三十七《陀罗尼集经第十二卷》，〔唐〕释慧琳、〔辽〕释希麟撰，沈兼士等编：《正续一切经音义》，上海：上海古籍出版社，1986年，第1481页。

② 《旧唐书》卷四十五《舆服志》，北京：中华书局，1975年，第1958页。

③ 《英藏敦煌文献（汉文佛经以外部分）》第1卷（S.10—S.522），成都：四川人民出版社，1990年，第150页下栏。

④ 《英藏敦煌文献（汉文佛经以外部分）》第4卷（S.2092—S.3046），成都：四川人民出版社，1991年，第253页上栏。

⑤ 《宋本艺文类聚》（下），上海：上海古籍出版社，2013年，第1860页。

⑥ 《太平御览》卷八六〇《饮食部一八·饼》，北京：中华书局，1960年，第3818页。

行胡饼。俗家皆然。"①一说胡饼即胡麻(芝麻)饼。《释名》卷四有"胡饼,作之大漫沍也。亦言以胡麻著上也"②之说。元和十四年(819年),白居易作《寄胡饼与杨万州》曰:"胡麻饼样学京都,面脆油香新出炉。寄与饥馋杨大使,尝看得似辅兴无。"③《能改斋漫录》卷十五载:

> 胡麻饼,释名云:"饼,并也。溲面使合并也。胡饼,言以胡麻著之也。"晋书云:"王长文在市中啮胡饼。"肃宗实录云:"杨国忠自入市,衣袖中盛胡饼。"刘禹锡嘉话云:"刘晏入朝,见卖蒸胡饼之处,买啖之。"此胡饼,皆胡麻之饼也。缃素杂记谓:张公所论市井有鬻胡饼者,不晓名之所谓,乃易其为炉饼。"论此为误,诚然。④

唐宋时期,敦煌胡饼消费不仅存在于少数民族饮食生活中,而且随着生活方式的融合逐渐渗透于各族民众的日常生活之中,成为当地主食之一。如 S.4687《诸寺僧众纳粟油饼菜历》记载的

---

① 〔日〕圆仁:《入唐求法巡礼行记》,桂林:广西师范大学出版社,2007年,第118页。

② 〔汉〕刘熙:《释名》卷四《释饮食》,北京:中华书局,2016年,第57页。

③ 陶敏、刘学锴、余恕诚:《增订注释全唐诗》卷四三〇《白居易 一八》,北京:文化艺术出版社,2001年,第432页。

④ 〔宋〕吴曾:《能改斋漫录》卷十五《方物》,北京:中华书局,1960年,第447—448页。

大胡饼和小胡饼①，P.2641《丁未年六月都头知宴设使呈设宴账目》记载的油胡饼子②。P.4693《官斋历》载："付面伍斗，造胡饼一佰枚。付面肆斗，造胡饼捌拾枚。"③

1. 胡饼消费以午餐为主要消费形式

正如谭蝉雪先生分析的那样，唐宋时期敦煌民众每日饮食消费分为两次，即早餐和午餐。而胡饼就是午餐消费的主要食物。P.2641《丁未年六月都头知宴设使呈设宴账目》载："（六月五日）勾当修宅押衙宋迁词等贰人，早上馎饦、午时各胡饼两枚……宅官张海清壹人，早上馎饦、午时胡饼两枚。"④S.1366《使衙油面破历》载："（三月）十六日衙内缝鞋十人，逐日早上各面一升、午时各胡饼两枚，供两日食断，用面四斗。"⑤

正常午餐胡饼消费量为每人两个胡饼，少数重体力劳动增加为三个，如P.2641《丁未年六月都头知宴设使呈设宴账目》载："铁匠史努努等贰拾人，早上馎饦，午时各胡饼叁枚，供壹日食

---

①《英藏敦煌文献（汉文佛经以外部分）》第6卷（S.4226—S.4901），成都：四川人民出版社，1992年，第237页上栏。
②《法国国家图书馆藏敦煌西域文献》第17册（P.2631—P.2728），上海：上海古籍出版社，2001年，第63页上栏。
③《法国国家图书馆藏敦煌西域文献》第33册（P.4647—P.4999），上海：上海古籍出版社，2005年，第109页下栏。
④《法国国家图书馆藏敦煌西域文献》第17册（P.2631—P.2728），上海：上海古籍出版社，2001年，第62页上栏。
⑤《英藏煌文献（汉文佛经以外部分）》第2册（S.525—S.1380），成都：四川人民出版社，1990年，第277页上栏。

图15 推磨 莫高窟第61窟 五代

断。"①S.4687《诸寺僧众纳粟油饼菜历》记载"大胡饼二十"②"大胡饼面壹石，小胡饼五斗。"③S.1396《占命书》载："作大胡饼十五枚，油麻制。"④P.2641《丁未年六月都头知宴设使呈设宴账目》载："(丁未年六月)寿昌迎于阗使……油胡饼子肆佰枚，每面贰斗，入油壹升。……廿日太子迎于阗使，油胡饼子壹佰枚，每面贰斗，

---

① 《法国国家图书馆藏敦煌西域文献》第17册（P.2631—P.2728），上海：上海古籍出版社，2001年，第62页下栏。

② 《英藏敦煌文献（汉文佛经以外部分）》第6卷（S.4226—S.4901），成都：四川人民出版社，1992年，第237页下栏。

③ 《英藏敦煌文献（汉文佛经以外部分）》第6卷（S.4226—S.4901），成都：四川人民出版社，1992年，第237页上栏。

④ 《英藏敦煌文献（汉文佛经以外部分）》第3卷（S.1386—S.2081），成都：四川人民出版社，1990年，第11页下栏。

入油壹升。"①

据敦煌文献记载可知，虽然每个胡饼所耗面粉不尽相同，但是比较接近。P.3231《癸酉年至丙子年平康乡官斋籍》载："（癸酉年九月卅日）付面五斗七升，造饼一百九十五分……付面三斗五升，造饼七十个。"②"付面六十斗，造饼一百二十枚。""（甲戌年十月十五日）胡饼张友子、杜昌子、张保住面三斗伍升，造饼七十一个。"③"（乙亥年五月十五日）胡饼阴住奴张保住、张定德、张友子，面六斗计一百二十一枚。"④

2. 胡饼消费较为普遍

作为当地主要消费食品的胡饼，不仅出现于各群体的日常生活当中，还是各个群体举行聚会、特权群体进行招待活动的常用消费食物。S.1366《油面历》载："寒食座设……胡饼二千九百一十四枚。"这就是对于群体聚会中胡饼消费的文献记载。S.1366《使衙油面破历》载："八日供造鼓床木匠九人，逐日早上各面一升，午时各胡饼两枚。"⑤"供缝皮匠八人，逐日早上各

---

①《法国国家图书馆藏敦煌西域文献》第17册（P.2631—P.2728），上海：上海古籍出版社，2001年，第62页上栏。

②《法国国家图书馆藏敦煌西域文献》第22册（P.3137—P.3276），上海：上海古籍出版社，2002年，第212页下栏。

③《法国国家图书馆藏敦煌西域文献》第22册（P.3137—P.3276），上海：上海古籍出版社，2002年，第213页上栏。

④《法国国家图书馆藏敦煌西域文献》第22册（P.3137—P.3276），上海：上海古籍出版社，2002年，第214页上栏。

⑤《英藏敦煌文献（汉文佛经以外部分）》第2卷（S.525—S.1380），成都：四川人民出版社，1990年，第277页上栏。

图 16　烹饪　莫高窟第 236 窟　初唐

面一升，午时各胡饼两枚，供两日食用。"① "（十九日）铁匠史奴奴等拾人，早上馎饦，午时各胡饼两枚，供一日，食断。"② S.4687V《诸寺僧众纳粟油饼菜历》载："氾法律大胡二十个，徐法律大胡二十个，金马法律油胡饼二十五个，张法律油胡饼，二十五个。"③ P.4693《官斋历》载："头阴住奴张残儿、张保定、李阿鸡付面五斗造胡［饼］一百枚，又头张保住、宋善子、阴宙定付面

---

①《英藏敦煌文献（汉文佛经以外部分）》第 2 卷（S.525—S.1380），成都：四川人民出版社，1990 年，第 277 页下栏。

②《法国国家图书馆藏敦煌西域文献》第 17 册（P.2631—P.2728），上海：上海古籍出版社，2001 年，第 63 页上栏。

③《英藏敦煌文献（汉文佛经以外部分）》第 6 卷（S.4226—S.4901），成都：四川人民出版社，1992 年，第 237 页下栏。

四斗造胡饼八十枚。"① 因油胡饼是把油直接糅到面里,吃起来松软可口,所以就成为上层群体的喜食食物,尤其常用于招待各国使节。P.2641《丁未年六月都头知宴设使呈设宴账目》载:"十九日寿昌迎于阗使……油胡饼子肆百枚,每面贰斗,入油壹升……廿日太子迎于阗使,油胡饼子壹百枚,每面贰斗,入油壹升。"②

(五)饮食消费的社会性

饮食消费在封建时代是有限制的③。观射父语:"天子举以大牢,祀以会;诸侯举以特牛,祀以大牢;卿举以少牢,祀以特牛;大夫举以特牲,祀以少牢;士食鱼炙,祀以特牲;庶人食菜,祀以鱼。上下有序,则民不慢。"(《国语·楚语下》)管子曰:"饮食有量,衣服有制,宫室有度,六畜人徒有数,舟车陈器有禁。"(《管子·立政第四》)《贾谊新书》云:"则饮食异。"④ 唐宋时期的敦煌地区亦不例外。

如前所述,唐宋时期敦煌地区的消费群体大致划分为三类,

---

① 《法国国家图书馆藏敦煌西域文献》第33册(P.4647—P.4999),上海:上海古籍出版社,2005年,第109页下栏。

② 《法国国家图书馆藏敦煌西域文献》第17册(P.2631—P.2728),上海:上海古籍出版社,2001年,第63页上栏。

③ 瞿同祖:《中国法律与中国社会》,北京:商务印书馆,2010年,第163页。

④ 说明:(1)〔西汉〕贾谊著,卢文弨校:《贾谊新书》卷一《服疑》,上海:上海古籍出版社,1988年,(2)原文载:"制服之道,取至适至和以予民,至美至神进之帝。奇服文章,以等上下而差贵贱。是以高下异,则名号异,则权力异,则事势异,则旗章异,则符瑞异,则礼宠异,则秩禄异,则冠履异,则衣带异,则环佩异,则车马异,则妻妾异,则泽厚异,则宫室异,则床席异,则器皿异,则饮食异,则祭祀异,则死丧异。"

即特权群体、特殊群体和普通群体。唐宋时期敦煌的特权群体,以世家豪族为代表,居于消费群体结构中的上层。该群体具有特殊的社会身份,享有很高的政治地位,是两汉以来河西经济区兴起和发展中成长起来的地主阶级上层势力,包括从西汉元鼎六年(前111年)敦煌建郡以来陆续徙内地移民到此的索、阴、张、翟、李、令狐、氾等诸姓世族。史苇湘先生认为,他们是中国历史上在同一地区延续得最长久的家庭(除山东曲阜孔家外),是封建社会及其制度、文化在中国西部最强硬的捍卫者,也是莫高窟的创建能延续千年的重要社会力量。[①] 唐宋时期敦煌地区的特殊群体,以寺院僧侣为代表,居于消费群体结构的中层,"入世"思想充分体现于该群体消费方式中。唐宋时期敦煌的普通群体,以农民及其他劳动者为代表,居于消费结构中的底层。社会地位低下、收入微薄、消费不足,是这个消费群体的特点。

1. 消费群体饮食消费方式的等级性体现——主食消费

上层和中层消费群体的饮食。唐宋时期敦煌民众饮食消费中,最能体现消费等级性的当推大米消费和奶酪消费。高启安在《唐五代敦煌饮食文化研究》中分析认为:"……说明当时的敦煌虽然出产稻谷,但种植很少,产量不多,只有上层社会的官员和在重要的场合才能吃到米。"[②] 高启安还认为:"奶酪是敦煌僧人和上

[①] 史苇湘:《敦煌历史与莫高窟艺术研究》,兰州:甘肃教育出版社,2002年版,第5页。

[②] 高启安:《唐五代敦煌饮食文化研究》,北京:民族出版社,2004年,第24页。

层贵族经常食用的食物之一。"①以群体划分为标准的话,可将上述内容理解为:唐宋时期敦煌大米消费和奶酪消费,仅仅存在于特权群体和特殊群体中,即世家豪族群体和僧尼群体。

下层消费群体的饮食。唐宋时期敦煌下层消费群体(即普通群体)的饮食消费较为单调,且以面食(小麦磨面)为主。消费品种主要有麦饭、麦粥、粟饭、粟粥、烧饼等。每日饮食消费包括早餐和午餐。据 P.2690V《禅门十二时赞》载"食时辰"②,可知早餐一般在上午 7—9 点。下层消费群体主要包括农民及其他劳动者。如 S.2474《杂写[太平兴国七年(982 年)莫高乡百姓张再富立契记]》载:"塑匠三人,逐日早上各面一升,午时各胡饼两枚。"③P.2744《食物账》载:"(某月)十九日,供衙内造作皮条匠人令狐丑子等五人逐日早上各面一升,午时各胡饼两枚,供两日,食断。"④P.2641《丁未年六月都头知宴设使呈设宴账目》载:"(五日)勾当修宅押衙宋迁词等贰人,早上馎饦,午时各胡饼两枚,供九日,食断。""泥匠二人,早上馎饦,午时各胡饼两枚,

---

① 高启安:《唐五代敦煌饮食文化研究》,北京:民族出版社,2004 年,第 46 页。
②《法国国家图书馆藏敦煌西域文献》第 17 册(P.2631—P.2728),上海:上海古籍出版社,2001 年,第 262 页下栏。
③ 说明:(1)账之正中,有"于时太平兴国七年(982)壬午岁二月五日,立契莫高乡百姓张再富记"云云,虽与粮食账无关,然可借以推考本卷年代。施萍婷主撰稿,邰惠莉助编,敦煌研究院编:《敦煌遗书总目索引新编》,北京:中华书局,2000 年,第 75 页。(2)《英藏敦煌文献(汉文佛经以外部分)》第 4 卷(S.2092—S.3046),成都:四川人民出版社,1991 年,第 87 页下栏。
④《法国国家图书馆藏敦煌西域文献》第 17 册(P.2729—P.2824),上海:上海古籍出版社,2001 年,第 53 页下栏。

供七日,食断。"① 据此推测,工匠饮食消费供应标准是每日2升面,早上馎饦用面1升,午时胡饼用面1升,消费品种单一。

2. 消费群体饮食消费方式的共通性体现——饮酒消费

酒的消费功用已不再仅以满足民众生理需求为主要目的,而是又增加了润滑每一消费群体民众之间相互往来关系的社会功用。从特权群体、特殊群体到普通群体,从招待使节、祭祀娱神、节令仪式到各种宴会、婚丧庆典等社会活动,都有关于酒的消费记录。

P.2032V《净土寺食物等品入破历》载:"面一斗五升、麁(粗)面二斗、粟二斗沽酒,两件淘麦僧食用。""面两硕一斗,油七升半,苏(酥)升半,粟一石九斗,卧酒、沽酒,诚经日造局席、看诸寺僧官及众僧等用。""粟三斗,沽酒,窟上迎和尚用。"② 以上是记载寺院用粮卧酒(造酒)、买酒及僧人饮酒的消费记录。在敦煌文献中,类似的记录还有很多。P.3569V《唐光启三年(887年)四月为官酒户马三娘、龙粉堆支酒本和算会牒》就是一篇较为完整的归义军时期招待使节的饮酒消费文献。在这篇文献中,可窥探到当时敦煌地区饮酒消费的普遍性和社会性。现录文如下:

    1. 官酒户马三娘、龙粉堆。

---

① 《法国国家图书馆藏敦煌西域文献》第17册(P.2631—P.2728),上海:上海古籍出版社,2001年,第62页上栏。

② 《法国国家图书馆藏敦煌西域文献》第2册(P.2032—P.2039),上海:上海古籍出版社,1994年,第34页。

2. 去三月廿二日已后，两件请本粟叁拾伍驮，

3. 合纳酒捌拾柒瓮半。至今月廿二日，计卅一日，

4. 伏缘使客西庭、搽微、及凉州、肃州、蕃

5. 使繁多，日供酒两瓮半已上，今准本数

6. 欠三五瓮，中间缘有四五月艰难之（乏）

7. 济，本省全绝，家贫无可吹□，朝

8. 忧败阙。伏乞

9. 仁恩，支本少多，充供客使。伏请

10. 处分。

11. 牒件状如前，谨牒。

12. 光启三年四月日龙县丞牒。

付阴季风算过。廿二日、准深

（中有无关文字）

13. 押衙阴季风。

14. 右奉判令算会，官酒户马三娘、龙粪堆，

15. 从三月廿二日于官仓请酒本二十驮，

16. 又四月九日请酒本粟壹拾伍驮，两件共

17. 请粟叁拾伍驮。准粟数合纳酒捌拾柒

18. 瓮半，诸处供给使客及设会赛神，一一

19. 逐件算会如后。

20. 西州回鹘使上下叁拾伍人，每一日供酒捌斗陆胜。

21. 从三月廿二日至四月廿三日，中间计叁拾贰日，

22. 计供酒四拾伍瓮伍斗贰升。搽微使上下

23. 陆人，每一日供酒壹斗陆升，从三月廿二日，至四月

24. 廿三日，中间计叁拾贰日，供酒捌瓮叁斗贰胜。

25. 凉州使曹万成等三人，每一日供酒玖胜，从三月

26. 廿二日至四月廿三日，中间计叁拾贰日，供酒肆

27. 瓮半壹斗捌胜。又凉州温末及肃州使，从四月一日

28. 到，下檐酒壹瓮，料酒四月二日至四月十五日

29. 发，中间壹拾肆日，上下壹拾壹人，每一日供酒贰斗

30. 肆胜，计供酒伍瓮办陆胜。三月廿三日锭匠

31. 王专等支酒壹瓮。四月十日赛官羊神用酒

32. 壹瓮。四月十四日夏季赛袄用酒肆瓮。

33. 四月十四日夏赛袄用。右奉

34. 处分。

35. 十五日上窟用酒两瓮。十七日祭雨师用酒

36. 两瓮。廿一日都香（乡）□赛青苗神用酒壹瓮。

37. 廿二日，西衙设回鹘使用酒叁瓮。已上诸处

38. 供给，计用酒捌拾壹瓮半贰胜，准粟数

39. 使用外，余欠酒伍瓮伍斗捌胜。

40. 右通前件酒一一检判凭算会如前，

41. 伏请处分。

42. 牒件状如前，谨牒。

43. 光启三年四月日押衙阴季风牒。

44. 西州使今月廿五日发

45. 右奉处分

46. □酒□瓮自供　廿三日

（后缺）①

在敦煌文献中还有不少与饮酒相关的文学作品，如《酒赋》，即"高兴歌"，又名《高兴歌酒赋》,共出土 P.2488《酒赋一本》②、P.2544《诗文集》③、P.2555《诗文集》④、P.2633V《酒赋》⑤、P.4993

---

① 唐耕耦、陆宏基：《敦煌社会经济文献真迹释录》（第3辑），北京：全国图书馆文献缩微复制中心，1990年，第622—624页。

② 说明（1）背有："辛卯年正月八日吴狗奴自手书记之耳""辛卯年正月八日吴狗奴自手书。"施萍婷主撰稿，邰惠莉助编，敦煌研究院编：《敦煌遗书总目索引新编》，北京：中华书局，2000年，第239页。（2）《法国国家图书馆藏敦煌西域文献》第14册（P.2433—P.2506），上海：上海古籍出版社，2001年，第277页下栏。

③ 说明：（1）包括：①酒赋·江州刺史刘长卿撰；②锦衣篇、汉家篇、老人篇等；③老人相问嗟叹诗；④龙门赋·河南县尉卢竧撰；（5）北邙篇、兰亭序等。施萍婷主撰稿，邰惠莉助编，敦煌研究院编：《敦煌遗书总目索引新编》，北京：中华书局，2000年，第242页。（2）《法国国家图书馆藏敦煌西域文献》第15册（P.2507—P.2560），上海：上海古籍出版社，2001年，第255—257页。

④ 说明：（1）汇录吐蕃统治敦煌时代文件（如为肃州刺史刘璧臣答南蕃书），及陷蕃者之诗。亦有在敦煌地方通行之诗文，如刘商胡笳十八拍、刘长卿酒赋等。此卷极重要。背面有：诗、月赋、从军行、江行遇梅花之作（岑参）、冀国夫人歌词七首、咏拗笼筹、闺情、怀素师草书歌（马云奇）、白云歌、送游大德赴甘州口号、俯吐蕃禁门观、田判官赠向将军真口号……御制勤政楼下观灯。施萍婷主撰稿，邰惠莉助编，敦煌研究院编：《敦煌遗书总目索引新编》，北京：中华书局，2000年，第242页。（2）《法国国家图书馆藏敦煌西域文献》第15册（P.2507—P.2560），上海：上海古籍出版社，2001年，第334—341页。

⑤ 《法国国家图书馆藏敦煌西域文献》第17册（P.2631—P.2728），上海：上海古籍出版社，2001年，第17页上栏。

《酒赋》[①]、S.2049V《唐人诗赋选集》[②]等6个卷子。其中,以P.2555和P.2633V所抄最为完整。全诗铺写酒宴盛况,描写了10多个历史人物和各种名酒、众多器具与酒宴乐舞,内容丰富,足见饮酒消费之风在敦煌的流行和盛况。

三、居宅消费

(一)民居消费

唐宋时期敦煌居民一般都有园宅地,很多居民都有城内舍与城外舍。P.2685《析产和处分遗产文书》载:

1. 城外□□□□□□
2. 畜乘安(鞍)马等两家□□□□□□□取
3. 壹领壹拾叁增,兄弟义让,□上大郎,小不分
4. 数。其两家和同,对亲诸(诸亲)立此文书,从今已(以)后,

[①] 说明:(1)存廿一行。此依张锡厚定名。施萍婷主撰稿,邰惠莉助编,敦煌研究院编:《敦煌遗书总目索引新编》,北京:中华书局,2000年,第331页。(2)《法国国家图书馆藏敦煌西域文献》第33册(P.4647—P.4999),上海:上海古籍出版社,2005年,第344页。

[②] 说明:(1)所选唐诗,多不署作者,篇题也有不同,兹据所知者记之。如洛阳篇,即刘希夷之白头吟;汉家1篇,即高适燕歌行。又如"长安少年无怨途"一首,即王翰饮马长城窟行之"长安少年无远图"诗,至"君不见黄河之水天上来",显为李白之诗。此外还有昭君诗、秦王无道枉杀人、酒赋、锦衣篇、老人相问嗟叹诗、藏钩诗、河南县尉卢竫龙门赋、北邙篇等诗。施萍婷主撰稿,邰惠莉助编,敦煌研究院编:《敦煌遗书总目索引新编》,北京:中华书局,2000年,第62页。(2)《英藏敦煌文献(汉文佛经以外部分)》第3卷(S.1386—S.2081),成都:四川人民出版社,1990年,第203—204页。

5. 不许争论。如有先是非者,决丈(杖)五拾。如有故

6. 违,山河违(为)誓。

7. 城外捨(舍):兄西分叄口,(弟)东分叄口;院落西头小牛舞(庑)。

8. 捨(舍)合捨(舍)外空地,各取壹分;南园,于李子树巳西大

9. 郎,巳东弟;北园渠子巳西大郎,巳东弟;树各取半。

10. 地水:渠北地叄畦共壹拾壹亩半,大郎分;捨(舍)东叄畦、

11. 捨(舍)西壹畦、渠北壹畦,共拾壹亩,弟分;向西地肆畦,共

12. 拾肆亩,大郎分;渠子西共叄畦拾陆亩,弟分。

13. 多农地向南仰大地壹畦五亩,大郎;又地两畦共五亩,弟。

14. 又向南地壹畦六亩,大郎;又向北仰地六亩,弟。寻渠

15. 玖亩地,弟;西边捌亩地、捨(舍)坑子壹[亩],大郎。长地五亩,弟;

16. 捨(舍)边地两畦共壹亩,渠北南头寻渠地壹畦肆亩,计五亩,

17. 大郎。北仰大地并畔地壹畦贰亩,[兄]寻渠南头长地子壹亩,

....纸缝

18. 弟。北头长地子两畦各壹亩:西边地子弟,东边兄。

19. 大郎分：釜壹受玖斗，壹斗五胜锅壹，胜半龙头

20. 铛子壹，铧壹孔，镰两张，鞍两具，镫壹具，被头

21. 壹，剪刀壹，灼壹，锹壹张，马钩壹，碧绢壹丈柒尺，黑

22. 自牛壹半对草马与大郎，钁壹具。

23. 遂恩：铛壹口并主鏊子壹面，铜钵壹，龙头铛子壹，种

24. 金壹付，镰壹张，安壹具，大釿壹，铜灌子壹，钁

25. 壹具：绢壹丈柒尺，黑㸬牛壹半。

26. 一城内舍（舍）：大郎分，堂壹口，内有库舍（舍）壹口，东边房壹口；

27. 遂恩分：西房壹口，并小房子舍（舍）壹口。院落并碾

28. 捨（舍）子合大门外舞（庑）捨（舍）地大小不等，后移墙停分。舞捨（舍）：

29. 西分大郎，东分遂恩。大郎分故车盘，新车盘遂恩，贾

30. 数壹仰取新盘者出。车脚二，各取壹。大郎全毂，遂恩破

31. 毂。

32. 兄善护

33. 弟遂恩

34. 诸亲兄程进进

35. 兄张贤贤

36. 兄索神神（藏文署名）①

---

① 唐耕耦、陆宏基：《敦煌社会经济文献真迹释录》（第2辑），北京：全国图书馆文献缩微复制中心，1990年，第142—143页。

P.3744《沙州僧张月光兄弟分书》载：

（前缺）

1. □□□□□□□□□□□□□□□□□
2. 在庶生，观其族望，百从无革。是故在城舍
3. 宅，兄弟三人停分为定。余之资产，前代分擘
4. 俱讫，更无再论。前录家宅，取其东分。东西叁丈，
5. 南北，北至张老老门道，南师兄厨舍南墙□□□□
6. 定，东至叁家空地。其空地约旧墙外叁？□□□□
7. 内，取北分，缘东分舍，见无居置，依旧堂？□□
8. 见在橡木并檐，中分一间，依数与替。如无替，一任
9. 和子拆其材梁，以充修本。分舍枇篱，亦准上。其
10. 堂门替木壹合，于师兄日兴边领讫。步碓壹合了。
11. 右件月光、日兴兄弟，自限薄福，不得百岁为
12. 期。日月屡移，不可一概即全。兄友弟恭，遵
13. 承家眷。只恨生居乱世，长值危时，亡父丧母，眷属
14. 分离。事既如此，亦合如此。躯（区）分已定，世代依
15. 之。一一分析，兄弟无违。文历已讫，如有违者，一则
16. 犯其重罪，入狱无有出期；二乃于官受鞭一
17. 阡。若是师兄违逆，世世堕于六趣。恐后无凭，
18. 故立斯验。仰兄弟姻亲邻人为作证明。

19. 各各以将项印押署焉记。其和子准上。

20. 兄僧月光⊙弟日兴⊙侄沙弥道哲

21. 弟和子⊙姊什二娘妹师胜贤

22. 妹八戒胆娘表侄郭日荣⊙就

23. 邻人索志温邻人解晟

24. 见人索广子

25. 见人索将将

26. 见人张重重

27. 见人张老老

28. 见人僧神宝

29. 见人僧法惠

30. 见人氾检德

31. 平都渠庄园田地林木等，其年七月四日，就庄

32. 对邻人宋良升取平分割。故立斯文为记。

33. 兄僧月光取舍西分壹半居住，又取舍西园

34. 从门道直北至西园北墙，东至治穀场西墙直

35. 北巳西为定。其场西分壹半。口分地取牛家道

36. 西叁畦共贰拾亩，又取苗坑地壹畦拾亩，又取舍南

37. 地贰亩，又取东涧舍坑巳东地叁畦共柒亩，孟授□

38. 陆畦共拾伍亩内各取壹半。又东涧头生荒地 各 取

39. 壹半。大门道及空地车敞并井水，两家合。其树

40. 各依地界为主。又缘少多不等，更于日兴地上，取白

杨

41. 树两根。塞庭地及员佛图地，两家亭分。园后日兴
42. 地贰亩，或被论将，即于师兄园南地内取壹半。
43. 弟日兴取舍东分壹半居住，并前空地，各取壹□（半），
44. 又取舍后园，于场西北角直北已东绕场东直南□□
45. 舍北墙治毂场壹半。口分地取七女道东叁畦共贰拾
46. 亩，又取舍南两畦共柒亩，又取阴家门前地肆亩，又
取
47. 园后地贰亩，又取东涧头舍方地柒亩，孟授地陆畦共
48. 壹拾伍亩内壹半。又东涧头生荒地，各取壹半□□□□
49. 车敞井水合。塞庭地两家亭分。员佛图渠（地两家亭分）
（后缺）①

S.2174《董加盈兄弟三人分家契》②中，也有"城内舍"与"城外舍"之分的记载。分家时，"城内舍"与"城外舍"都是分别予以均分。城外舍似乎仅是农忙时使用，目的是方便耕获，所以城外舍都很简陋，且常与农田、晒谷场等连在一起；城内舍则为平时住处，所以常有院落、库房、砲舍等。民间的买卖舍宅或交换宅舍，都是指城内舍。S.3877V2《唐乾宁四年（897年）张义

---

① 唐耕耦、陆宏基：《敦煌社会经济文献真迹释录》（第2辑），北京：全国图书馆文献缩微复制中心，1990年，第145—147页。
② 唐耕耦、陆宏基：《敦煌社会经济文献真迹释录》（第2辑），北京：全国图书馆文献缩微复制中心，1990年，第148—149页。

图 17　牲畜饲养　莫高窟第 61 窟主室西壁　五代①

全卖宅舍地基契》②记载：张义全卖给令狐信通兄弟的一口宅舍，面积约合 30m²。S.3877V3《唐天复二年壬戌岁（902 年）曹大行回换屋舍地基契（稿）》③记载：令狐进通与曹大行回换的两口宅舍，约合 46m²。S.1285《后唐清泰三年（936 年）杨忽律哺卖宅舍地基契》④的一口宅舍，面积约合 17m²。北 8347 背《宋开宝八年（975 年）三月一日郑丑挞出卖宅舍地基与沈都和契（抄）》中有含内堂一口，上西房一口，下西房一口，厨舍一口，面积约

---

① 图源：数字敦煌。各圈分别饲养不同的种群，马圈、牛圈之间互有小门相通。
② 唐耕耦、陆宏基：《敦煌社会经济文献真迹释录》（第 2 辑），北京：全国图书馆文献缩微复制中心，1990 年，第 5 页。
③ 唐耕耦、陆宏基：《敦煌社会经济文献真迹释录》（第 2 辑），北京：全国图书馆文献缩微复制中心，1990 年，第 7 页。
④ 唐耕耦、陆宏基：《敦煌社会经济文献真迹释录》（第 2 辑），北京：全国图书馆文献缩微复制中心，1990 年，第 9 页。

150m²。①S.3835V《宋太平兴国九年（984年）马保定卖宅舍地基契（抄）》中，仅其中西房一口，"东西并基地贰仗伍尺，南北并基壹仗贰尺三寸"②，面积即约34m²。但此类住房一般都是一层的土木结构，舍价通常是"每尺"（1尺×1丈）2石左右，比较便宜。③

关于敦煌民居"城内舍"与"城外舍"之区分，池田温先生亦有深入研究。他通过将6—7世纪吐鲁番69TAM135《高昌延寿五年（公元628年）三月十八日赵善众买舍地券》、64TAM10：37《高昌延寿八年（公元631年）十一月十八日孙阿父师买舍券》、64TAM10：38、41、42《高昌延寿四年（公元627年）闰四月八日参军氾显祐遗书三片》、60TAM338：14-5《唐贞观十八年（公元644年）十一月九日张阿赵买舍券》、59TAM301：15-4-3《唐贞观十四—廿三年（公元640—649年）间赵怀愿买舍券》等14件相关文书，与9—10世纪的P.2595《乾符二年六月七日慈惠乡陈都知卖地契》④、S.3877V《乾宁四年（897年）正月廿九日平

---

① 唐耕耦、陆宏基：《敦煌社会经济文献真迹释录》（第2辑），北京：全国图书馆文献缩微复制中心，1990年，第12页。
② 唐耕耦、陆宏基：《敦煌社会经济文献真迹释录》（第2辑），北京：全国图书馆文献缩微复制中心，1990年，第15页。
③ 杨际平、郭锋、张和平：《五—十世纪敦煌的家庭与家族关系》，长沙：岳麓书社，1997年，第95页。
④ 说明：（1）池田温定名为"唐乾符二年（875年）六月七日慈惠乡陈都知卖空地契习书"。（2）《法国国家图书馆藏敦煌西域文献》第16册（P.2561—P.2630），上海：上海古籍出版社，2001年，第173页下栏。

康乡百姓张义全卖舍契》①、S.1285《后唐清泰三年（936年）杨忽律哺卖宅舍地基契》②、P.3331《丙戌岁十一月十八日兵马使张骨子买舍契》③等14件敦煌文书作对比研究，认为："首先，两地无论官员、农民基本是城居状态。但是与敦煌在城外耕地间兼有舍（园舍）者众多相比，在吐鲁番这样的例子并不明显。即使在西州籍、申青苗亩数牒、退田簿、给田簿等的地段四至中也没有发现舍。这与敦煌籍账四至中舍频繁出现的状况形成对比。从这一点详述的话，在基本居住形态方面，吐鲁番彻底的城市性格是不同于敦煌保留的农村性格。……敦煌卖舍契的典型表现就是，通过因经济窘迫无奈以相对便宜的价格出售祖先遗留的舍宅的例子，可以看出在10世纪城市居民也有阶级分化的渗透。"④

值得注意的是池田先生所提出的"敦煌保留的农村性格"和"阶级分化的渗透"的观点。以农为主和等级分化，就是构建唐宋时期敦煌社会文化认同的基础之一。正是基于这样的特点，敦煌社会群体消费生活的诸多方面均受到这两点潜移默化的影响，在日常生活中也自然而然地显现出来。这也可以说是敦煌文化性

---

①《英藏敦煌文献（汉文佛经以外部分）》第5卷（S.3048—S.4220），成都：四川人民出版社，1992年，第189页上栏、第190页下栏。

②《英藏敦煌文献（汉文佛经以外部分）》第2卷（S.525—S.1380），成都：四川人民出版社，1990年，第258页。

③《法国国家图书馆藏敦煌西域文献》第23册（P.3277—P.3370），上海：上海古籍出版社，2002年，第207页下栏。

④〔日〕池田温：《吐鲁番・敦煌文書にみえる地方城市の住居》，唐代史研究会：《中国都市の歴史的研究》，东京：刀水书房，1988年，第168—189页。

格的特点之一。

(二)家用器具消费

一般家庭的生产工具与生活器具也不多。生活器具多为铁器、木器,金、银、铜器很少,陶瓷器也很少。P.2685《沙州善护遂恩兄弟分家契》[①]载:"大郎(善护)分:釜壹受玖斗,壹斗五胜锅壹,胜半龙头铛子壹,铧壹孔,镰两张,鞍两具,镫壹具,被头壹,剪刀壹,炒壹,锹壹张,马钩壹,碧绢壹丈七尺,黑自牛壹半对草马与大郎,镬壹具。遂恩:铛壹口并主鏊子壹面,铜钵壹,龙头铛子壹,种金壹付,镰壹张,安壹具,大钘壹,铜灌子壹,镬壹具,绢壹丈七尺,黑牸牛壹半。"善护、遂恩兄弟二人所拥有生产工具与生活器具的情况,应该具有一定的普通群体消费特征。S.4577《癸酉年(973年)十月五日杨将头遗物分配凭据》载:

1. 癸酉(年)十月五日申时,杨将头遗留

2. 与小妻富子伯师一口,又镜架匣子,又舍一院。

3. 妻仙子大锅一口。定千舆驴一头,白叠

4. 袄子一,玉腰带两条。定女一斗锅子一口。

5. 定胜鏊子一,又匣一口。

(后空)[②]

[①] 唐耕耦、陆宏基:《敦煌社会经济文献真迹释录》(第2辑),北京:全国图书馆文献缩微复制中心,1990年,第142—143页。

[②] 唐耕耦、陆宏基:《敦煌社会经济文献真迹释录》(第2辑),北京:全国图书馆文献缩微复制中心,1990年,第154页。

图 18　民居院落　莫高窟第 23 窟主室南壁　盛唐[①]

遗留给小妻的是伯师一口，舍一院，又镜架、柜子各一；遗留给妻子的是大锅一口、定千舆驴一头、白叠袄子一（件）、玉腰带两条；遗留给定女的是（容量）一斗锅子一口；遗留给定胜的是鏊子一（个），柜一口。遗物并不多。

[①] 图源：数字敦煌。民居院落：法华经变中画一大院落，外有夯土围墙，正面有乌头门，门内小院之后才是院墙及院门，门内庭院开阔，上房三间，两侧偏房各三间。这种外有夯土高墙的住宅形式，在西北地区一直沿用到近代。

根据 P.3410《沙州僧崇恩处分遗物凭据》①的记录，遗物就很多，以此可以代表特殊群体的生活器具消费。其生活器具仍多为木器，如漆碟子肆，画油木盛子并盖贰，画油木钵子并盖贰，画油酱碟子贰，木油酱台子贰，酱醋勺子贰，画木碟子拾，独胡木盘壹，藤裘杖壹等等。银铜器则只有拾五两银碗壹，七两银盏壹，铜碗壹，铜碟子壹，坠铜盘子壹等。

四、行旅消费

唐宋时期敦煌的交通工具主要是牛车、驴、驼等。一般家庭多数有车、牛（或驴）。据 P.2685《沙州善护、遂恩兄弟分家契》②记载，善护兄弟分家时，各分车一乘（一新一旧）、牲畜两头。据 P.3410《沙州僧崇恩处分遗物凭据》记载，僧崇恩有车 1 乘以上、牛 7 头以上。③但这并不是普遍情况。也有一些民户因缺乏车牛，需购买或雇用车牛。S.6341《壬辰年（932 年？）雇牛契》载："壬辰年十月生六日洪池乡百姓（某）乙阙少牛畜，遂雇同乡百姓雷粉堆黄自（牸）牛一头，年八岁。十月至九月末，断作雇价每月壹石，春价被四月三匹。"④S.1403《某年十二月程住儿

---

① 唐耕耦、陆宏基：《敦煌社会经济文献真迹释录》（第 2 辑），北京：全国图书馆文献缩微复制中心，1990 年，第 150—152 页。
② 唐耕耦、陆宏基：《敦煌社会经济文献真迹释录》（第 2 辑），北京：全国图书馆文献缩微复制中心，1990 年，第 142—143 页。
③ 唐耕耦、陆宏基：《敦煌社会经济文献真迹释录》（第 2 辑），北京：全国图书馆文献缩微复制中心，1990 年，第 150—152 页。
④ 唐耕耦、陆宏基：《敦煌社会经济文献真迹释录》（第 2 辑），北京：全国图书馆文献缩微复制中心，1990 年，第 40 页。

雇驴契》载某年十二月十六日，程住儿因往甘州充使，缺少"畜乘"，便雇驴一头，"断作雇价上好羊皮九张"①。至于骆驼，敦煌多数民户并不养驼，如果确需骑驼远行，就选择雇驼，雇价相对比较贵。P.2825V《唐乾宁三年（896年）二月冯文达雇驼契（稿）》载：

1. 乾宁三年丙辰岁二月十七日，平康乡百姓冯文达
2. 奉差入京，为少畜乘，今于同乡百姓李略延
3. 边，遂雇八岁黄父驼一头。断作雇价却回来
4. 时，准绢五匹。见立典物分付。
5. 驼主②

北图殷字41号《癸未年（923年）四月十五日与七月十五日张修造雇父驼契》载，张修造充使西州，因缺少驼乘，分别雇5岁父驼和6岁父驼各1头，前者雇价为官布16匹，后者为10匹。③P.2652V《丙午年（946年）洪润乡百姓宋某雇驼契》记载，丙午年（946年）洪润乡宋某充使西州，雇8岁父驼1头，

---

① 唐耕耦、陆宏基：《敦煌社会经济文献真迹释录》（第2辑），北京：全国图书馆文献缩微复制中心，1990年，第42页。
② 唐耕耦、陆宏基：《敦煌社会经济文献真迹释录》（第2辑），北京：全国图书馆文献缩微复制中心，1990年，第36页。
③ 说明：共两件，分别为4月15日和7月15日契约，此名为两件合名。唐耕耦、陆宏基：《敦煌社会经济文献真迹释录》（第2辑），北京：全国图书馆文献缩微复制中心，1990年，第38页。

图 19　床（家居与人伦）　莫高窟第 321 窟主室南壁　初唐①

---

①图源：数字敦煌。家居与人伦：供养父母。父母坐于屋内木床上，床前有一男一女在作揖请安。

雇价为生绢1匹。①

另外，由于出行环境的恶劣，敦煌民众在出发之前都有去寺院许愿以求神佛庇佑的习俗。P.2237V《远行文》载："欲远行者，今为某事，欲涉长途，道路悬远，关山峻阻。欲其（祈）吉道，仰托三尊，敬设清，澄之心愿。然今此会焚香意者，为男远行之所施也。"②P.2341V《行人愿文》载："今为王事，欲涉长途，道路悬远，关山峻阻。欲祈吉达，仰托三尊。敬舍珍财，愿保清适。惟愿伐折罗大将引道，所向皆通；毗沙门天王密扶，往来安泰。"③祈愿代表一种对平安出行的美好的期望。祆寺也是行人祈佑之所，④所以，也有去祆寺许愿的记载。S.2241《公主君者者上北宅夫人状》记载："孟冬渐寒伏准，北宅夫人司空小娘子尊体起居万福。即日君者者，人马平善，而□□□，不用忧心，即当妙矣，切嘱夫人与君者者沿路作福，祆寺燃灯，倘劫不望。"⑤君者者是达怛国的公主，于五代末、北宋初与沙州归义军政权保持友好往来，在由敦煌东行、返回达怛国时，节度使曹元忠的夫人

---

① 黄永武：《敦煌宝藏》第123册（P.2630—P.2751），台北：新文丰出版公司，1986年，第139页下栏。

② 《法国国家图书馆藏敦煌西域文献》第9册（P.2200—P.2242），上海：上海古籍出版社，1999年，第318页下栏。

③ 《法国国家图书馆藏敦煌西域文献》第12册（P.2323—P.2362），上海：上海古籍出版社，2000年，第160页上栏。

④ 谭蝉雪：《敦煌民俗：丝路明珠传风情》，兰州：甘肃教育出版社，2006年，第34—35页。

⑤ 《英藏敦煌文献（汉文佛经以外部分）》第4卷（S.2092—S.3046），成都：四川人民出版社，1991年，第53页上栏。

图20　中国皇帝送供天使　莫高窟第61窟主室西壁　五代①

翟氏就替她在祆寺燃灯,祈求路途平安。当她安抵目的地后,写了封感谢信,内云:"切嘱与君者者沿路作福,祆寺燃灯,他劫不望(忘)。"正如P.3870《敦煌廿咏》中《安城祆咏》所载:"一州祈景祚,万类仰休征。"②

在敦煌文献中,清楚地记录着历史时期宗教信仰对于社会各群体生活消费方式的影响。出行仅为日常生活之一,从出发,到途中,再到返还,消费行为始终贯穿于其中。P.4640V《归义军己未至辛酉年布纸破用历》载:"(己未年六月廿日)又支与都虞

---

① 图源:数字敦煌。这是五台山化现图中规模最大的送供队伍,正从南路前行。送供使身穿赭色长袍,在两个随从开道下,骑着白马要过桥。前面是队伍的仪仗,其中一人背着胡床。骆驼队插着象征官府的牙旗,其威赫之势,胜于其他送供使。从使者和随从所戴的展角、朝天幞头等来看,极有可能是五代时的送供行列。这里的"天使",是至尊皇帝所遣。在中国历史上皇帝遣使至五台山送供者颇多,宋代《广清凉传》记有后唐同光元年(923年)遣使持紫衣赐师名、敕书等入山,便是明证。

② 《法国国家图书馆藏敦煌西域文献》第29册(P.3861—P.3916),上海:上海古籍出版社,2003年,第40页下栏。

图 21 《化城喻品》山间行旅 莫高窟第 217 窟 初、盛唐之交 ①

侯索怀济东行用画纸叁拾张。"② "（十月十三日）支与北地使梁景儒上神画纸壹拾伍张。"③ "（十月廿日）入奏朔方两侍使共支路上赛神画［纸］壹帖（五十张）。"④ 消费支出虽因身份、地位相异而有所区别，但是各群体的人们对于宗教文化的信仰和平安祈福的心愿却是一致的。

---

① 图源：数字敦煌。在《化城喻品》中，描绘出各种不同的人物在山间行进的情景。由近及远，画出三组山峰，再通过曲折的河流，把远近层次表现出来。此窟的盛唐青绿山水在敦煌壁画中是具有代表性的。

② 《法国国家图书馆藏敦煌西域文献》第 32 册（P.4526—P.4646），上海：上海古籍出版社，2005 年，第 261 页上栏。

③ 《法国国家图书馆藏敦煌西域文献》第 32 册（P.4526—P.4646），上海：上海古籍出版社，2005 年，第 262 页上栏。

④ 《法国国家图书馆藏敦煌西域文献》第 32 册（P.4526—P.4646），上海：上海古籍出版社，2005 年，第 262 页上栏。

饮食消费是人类社会活动中必不可少的生活方式之一。唐宋时期敦煌社会的消费群体结构较为复杂，在饮食消费方式上，则表现为饮食消费内容的多样化，其主体可分为主食消费、副食消费和茶酒消费，体现出饮食消费的社会性，即饮食消费的等级性和民族性。

当然，对于唐宋时期敦煌民众饮食消费生活的解读，并不仅限于上述内容。在此，仅从"消费"角度切入唐宋时期敦煌民众的饮食生活，运用相关的敦煌文献和传统历史文献进行了分析、论证、解读，以求接近历史。

另外，居住、舟车、器用，既是人们的日常消费，也是消费结构中的重要组成部分。它们既可被看作消费对象（资料），也可被视为消费手段（工具），其中大宅高楼、园林、舟车、精致器具等属于享受资料，并非必需的生存资料。它们能够体现消费层次的高低与消费结构改善与否，反映当时消费水平的变化状况。

第三章
人生仪礼消费：文化认同的渗透

  女答：何方所管？谁人伴换？次第申陈，不须缭乱。
  儿答：燉（敦）煌县摄，公子伴涉，三史明闲，九经为业。
  女答：夜久更蘭（阑），星斗西流，马上刺史，是何之州？
  儿答：金雪抗丽，辽（聊）此交游，马上刺史，本是沙州。
           ——《下女（夫）词一本》①

  "不仅是在祭祀中献上玉帛，不仅是在仪式上撞钟伐鼓，踩着节拍人们才能齐舞，遵循仪节人们就能合群。古人常说'礼'是'履也'，'乐'是'和也'，那么，是否古代的'礼'铸就了中国的秩序与文明？"②

  传统社会中，人生仪礼关系到社会生活的诸方面，如生儿育女、接受教化、婚丧嫁娶、生活祭礼等。关于"礼"，费孝通先

---

① 潘重规：《敦煌变文集新书》，台北：文津出版社，1994年，第1180页。
② 葛兆光：《中国经典十种》，北京：中华书局，2008年，第76页。

图 22　学堂　莫高窟第 468 窟　中唐

生曾经给出这样的定义:"礼是社会公认合适的行为规范。"据此张亚辉先生进一步认为:"而礼和法的不同主要体现在各自背后所依赖的力量,法是靠国家的权力来推行的,而礼却是靠传统来维持的。"①

唐宋时期敦煌社会日常生活中的"仪礼"即为后者,是靠传统来维护的。法令可制定严格的消费等级,以国家行政手段维护社会秩序。但是,通过对敦煌文献的解读,可知敦煌社会"人生

---

① 张亚辉:《历史与神圣性:历史人类学散论》,北京:世界图书出版公司北京公司,2010 年,第 12 页。

仪礼"的核心是文化认同，以代代相传之形式延续于敦煌的各历史时期，与之发生联系的消费活动也外化为不同形式。根据敦煌文献，主要集中反映于教育消费、婚丧消费和祭礼消费中，以下予以分别论述。

一、教育消费

从本质上讲，消费活动即一种文化活动，是一种文化控制下的消费[①]。教育即有教化之目的和功用，渗透于人生伊始阶段的消费活动，自然会成为一个区域社会维护稳定秩序的有效途径之一[②]。

教育消费以获取知识、技能为主要目的，是精神生活消费中的重要组成部分之一，是由受教育者或家庭以货币或实物为支付方式的消费，包括成年人教育消费与未成年人教育消费。教育消费是在一定物质基础上从事的消费行为，是消费结构中的发展消费部分，属于投资性消费。它具有启蒙、益智、教化、发展个性、提高素质等社会功能，是人口素质提高和社会文明进步的动力。高明士先生认为，唐宋时期敦煌的教育体制大致有官学和私学两

[①] 费孝通：《江村经济：中国农民的生活》，北京：商务印书馆，2002年，第110—125页。

[②] 关于教育于唐宋时期敦煌民众的功用，杨秀清先生曾专门撰写文章，从思想史视野出发，对历史时期敦煌地区社会生活的常识、经验、规则予以深入研究，但并没有论及教育和消费之间的关系。参见：杨秀清：《社会生活的常识、经验与规则及其思想史意义：以唐宋时期敦煌地区为中心》，《敦煌研究》，2006年第4期，第42—53页。

种[1]，所以，在此所讨论的该历史时期敦煌教育的消费内容，包括官学消费和私学消费。

官学即指州、县学。私学即指家学、义学、寺学等。私学主要承担敦煌地区启蒙教育与中等教育的任务。唐代，有郡（州）学、郡（州）医学、县学，民间有义学。吐蕃占领时期及晚唐宋初，寺学发展，金光明、莲台、灵图、龙兴、净土、永安、三界、大云、显德、乾明诸寺皆有寺学。官学外，唐宋时期还有伎术院，以及先后为数不少的私办学塾，如张球学、白侍郎学、范孔目学、李家学、就家学；又有巷社办的"社学"。学生的称谓名目繁多，即：官学生称学生、学士或上足子弟，寺学、私学、社学学生称义学生、学郎、学士郎或学仕郎。教学内容有童蒙学习的《千字文》《开蒙要训》，归义军时期又增加了《百家姓》《太公家教》《蒙求》，稍长学《孝经》《论语》《毛诗》《左传》《穀梁传》《尚书》《礼记》等。还有各类专科教材。医学有医经、医论、方药、针灸、脉诀及医药文学等，伎术学有《葬经》《宅经》《灵棋经》《易三备》《走天图》《算经》《星占书》《七曜历书》等，公牍学有《兔园册府》《记室备要》《籯金》等。佛学教材包括佛教经律论以及佛教文学。吐蕃占领之前，还有道学专业教育；吐蕃占领以后，似被取消。此外，吐蕃占领之前，还有《史记》《汉书》《楚辞》《文选》《唐

---

[1] 高明士：《唐代敦煌的教育》，台湾汉学研究资料及服务中心：《汉学研究》（第4卷），1986第2期，第232页。

诗选》等作为教材的。① 这些精选教材也被认为是由当时知识精英群体所编纂，他们主要集中于消费群体结构中的中上层，通过文化教育消费的途径，渗透于民众的日常生活当中。这些教材都是反映当时敦煌地域社会主流文化的读本。② 如敦煌文献《杂抄》，又名《珠玉抄》或《益智宝》，就被认为是"庶民常识的百科全书"，包括"天地开辟以来的传说、日月星辰的知识、人民种族、四时八节的历数、山川形势、王朝更替、饮食器用的起源、忠臣孝子的轶事、阴德阳报的实话、社交心得、道德实践方法等"。③

唐宋前期的教育是以官学为主，教育消费也以官学消费为主。京师和地方皆有官办的学校，皇室及功臣子弟就读于京师学校，而敦煌地区的普通庶民子弟则在敦煌郡（州）学、县学就读。相关唐宋时期敦煌官学文献的记载，以 P.2005《沙州都督府图经》④ 为例：

237. 州学。

238. 右在城内，在州西三百步。其学院内，东厢有先

---

① 季羡林：《敦煌学大辞典》，上海：上海辞书出版社，1998年，第596页。

② 杨秀清：《社会生活的常识、经验与规则及其思想史意义：以唐宋时期敦煌地区为中心》，《敦煌研究》2006年第4期，第42—53页。

③〔日〕那波利贞《唐钞本〈杂抄〉考——唐代庶民教育史研究の资料》，《东洋学丛书：唐代社会文化史研究》，东京：创文社，1974年，第225页。

④ 说明：残存四段。按：背有"敕河西节度归义军使等检授兵部尚书兼义使／大夫赐紫金鱼袋南阳郡开国公石（食）邑三百"二行。施萍婷主撰稿，邰惠莉助编，敦煌研究院编：《敦煌遗书总目索引新编》，北京：中华书局，2000年，第219页。

239. 圣太师庙堂，堂内有素（塑）先圣及先师颜子

240. 之像。春秋二时奠祭。

241. 县学。

242. 右在州学西连院。其院中，东厢有先圣太

243. 师庙堂，内有素（塑）先圣及先师颜子之像，

244. 春秋二时奠祭。

245. 医学。

246. 右在州学院内，于北墙别构房宇安置。①

P.5034《沙州都督府图经残卷》②载：

12. 一所县学。

13. 右在县城内，在西南五十步。其□

14. 堂，堂内有素（塑）先圣及先师③

---

① 唐耕耦、陆宏基：《敦煌社会经济文献真迹释录》（第1辑），北京：书目文献出版社，1986年，第12页。

② 说明：卷子甚残。（1）池田温定名为"沙州图经卷第五"。〔日〕池田温：《沙州图经略考》，《榎博士还历纪念东洋史论丛》，东京：山川出版社，1975年，第42—101页。（2）李正宇定名为"沙州图经卷第五"，详见《古本敦煌乡土志八种笺证》，兰州：甘肃人民出版社，2008年，第145—210页。（3）李并成定名为"沙州都督府图经"，详见《河西走廊历史地理》（第1卷），兰州：甘肃人民出版社，1995年，第108页。（4）黄永武定名为"沙州附近关山泉泽等地志"，详见《敦煌宝藏》第135册（P.4940—P.6038），台北：新文丰出版公司，1981年，第396页。（5）郑炳林定名为"沙州地志"，详见《敦煌地理文书汇辑校注》，兰州：甘肃教育出版社，1989年，第43—55页。

③ 唐耕耦、陆宏基：《敦煌社会经济文献真迹释录》（第1辑），北京：书目文献出版社，1986年，第27页。

官学主要进行的是儒家教育，为国家培育科举入仕的人才。进入官学的学费，政府有明确规定。唐神龙二年（706 年）九月敕："学生在学，各以长幼为序。初入学，皆行束脩之礼，礼于师，国子太学，各绢三匹，四门学，绢二匹，俊士及律书算学，州县各绢一匹，皆有酒酺，其束脩三分入博士，二分助教，以每年国子监所管学生，国子监试，州县学生，当州试，并选艺业优长者为试官，仍长官监试，其试者通计一年所受之业，口问大义十条，得八已上为上，得六已上为中，得五已上为下，及其学九年，（律生则六年。）不贡举者，并解追，其从县向州者，年数下第，并须通计，服阕重仕者，不在计限，不得改业。"[①] 敦煌官学属州、县学，依此每生各绢一匹。吐蕃占领以后，敦煌的教育似逐渐转为以私学为主，教育消费也以私学消费为主。张、王、李、索、曹、令狐、汜、阴等东汉以来的敦煌大姓，唐以前就是人数占优势的姓氏，至开元时期仍在敦煌诸乡中占有人口数量上的优势。吐蕃占领时期和归义军统治时期，除了出现一些新的姓氏和家族外，原来的人口比例和姓氏分布并无大的变化，但由于中央权威日衰，至归义军时期，敦煌社会再次出现了豪族势力把持政局的局面。这些世家豪族为了保持其优越的地位，很重视对子女的家学教育。同样，出于对教育重要性的认识，敦煌的一般百姓家庭也很注意对子女的家学教育。P.2718《王梵志诗一卷》载：

① 《唐会要》卷三十五《学校》，北京：中华书局，1955 年，第 634 页。

"欲得儿孙孝,无过教及身。一朝千度打,有罪更须嗔。"①S.5655《太公家教一卷》载:"养男不教,不如养奴;养女不教,不如养猪。"②P.2600《武王家教一卷》载:"武王曰:'何为一错?'太公曰:'有子不教一错。'"③

因期许不同,对于男子与女子的教育,教育消费内容是有所不同的。S.0479《太公家教一卷》载:"武王曰:'欲教子孙如之何?'太公答曰:'……为人恭孝,为父威严……拟待明君;女教针缝,不犯七出。'"又如《父母恩重经讲经文》记载:"经:婴孩童子,乃至盛年,奖(讲)教礼议(仪),婚嫁宦学。为求财产,携荷艰辛,勤苦至终,不言恩德。"④

据 P.2418《父母恩重经讲经文》⑤与北 8672(河 12)《父母

---

① 《法国国家图书馆藏敦煌西域文献》第 17 册(P.2631—P.2728),上海:上海古籍出版社,2001 年,第 349 页上栏。

② 说明:(1)首缺,起"不照覆盆之下"。施萍婷主撰稿,邰惠莉助编,敦煌研究院编:《敦煌遗书总目索引新编》,北京:中华书局,2000 年,第 176 页。(2)《英藏敦煌文献(汉文佛经以外部分)》第 9 卷(S.5645—S.5964V),成都:四川人民出版社,1994 年,第 40 页下栏。

③ 说明:(1)写后又涂掉。尾题:太公家教一卷。说明:内设武王与太公问答。施萍婷主撰稿,邰惠莉助编,敦煌研究院编:《敦煌遗书总目索引新编》,北京:中华书局,2000 年,第 245 页。(2)《法国国家图书馆藏敦煌西域文献》定名为"太公家教一卷"。《法国国家图书馆藏敦煌西域文献》第 16 册(P.2561—P.2630),上海:上海古籍出版社,2001 年,第 192 页下栏。

④ 潘重规:《敦煌变文集新书》,台北:文津出版社,1994 年,第 460 页。

⑤ 《法国国家图书馆藏敦煌西域文献》第 13 册(P.2363—P.2432),上海:上海古籍出版社,2000 年,第 300—312 页。

恩重俗文》[1]的记载，敦煌地区男、女从小培养的教育观念就是有明显差异的。

（一）

女男渐长成人子，一一父娘亲训示；

台（抬）举还徒（图）立得身，招交（教）只要修仁义。

嘱仙（先）生交（教）文字，孝养礼仪须具备；

未待教招一二年，等闲读尽诸书史。

高低尽道好儿郎，远近皆言骨气异；

成长身为大丈夫，风流儒雅真公子。[2]

（二）

为女身，更不异（易），最先须且交（教）针指；

呈线呈针斗意长，对鸦对凤夸心智。

学音声，屈博士，弄钵调弦浑舍喜；

长大择时娉与人，六亲九族皆欢美。

天生惠（慧）性异常人，疑是巫山降段云；

鬓似寒蝉双展翼，面如蟾月展秋轮。

眉悬柳叶和烟翠，脸夺桃花带雨新；

娉与他门荣九族，一场喜庆卒难论。[3]

---

[1] 黄永武：《敦煌宝藏》第111册（北8603—北8738），台北：新文丰出版公司，第146—150页。

[2] 潘重规：《敦煌变文集新书》，台北：文津出版社，1994年，第460页。

[3] 潘重规：《敦煌变文集新书》，台北：文津出版社，1994年，第462页。

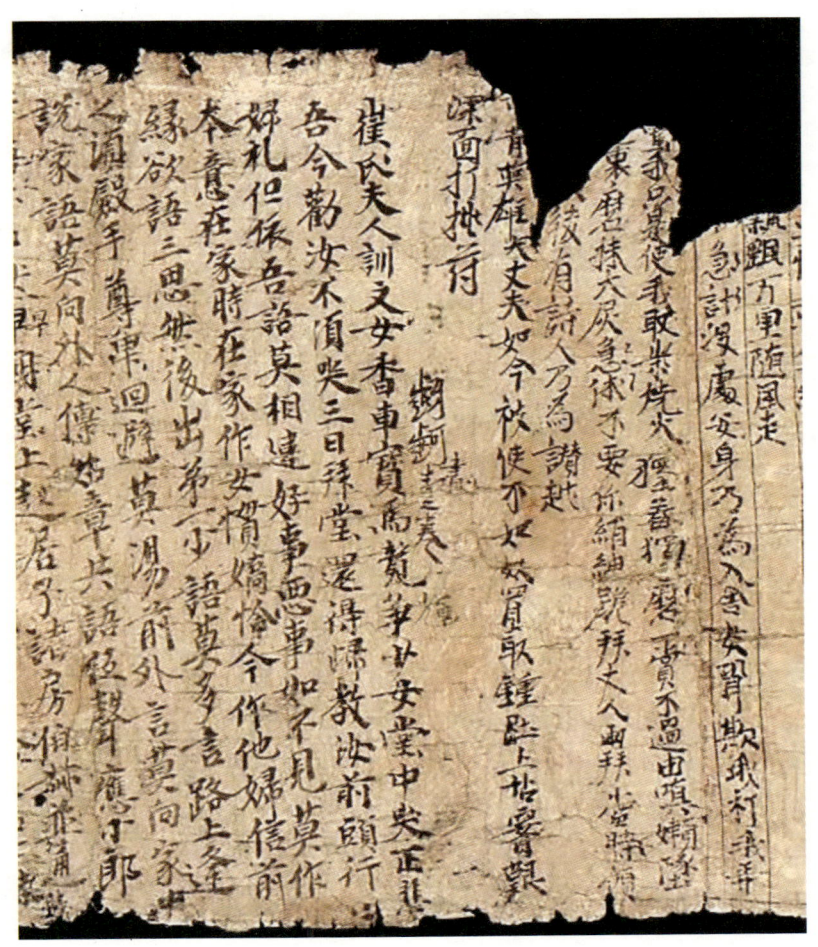

图 23　S.4129《崔氏夫人训女文》（残卷）①

① 图源：《英藏敦煌文献（汉文佛经以外部分）》第 5 卷（S.3048—S.4220），第 258 页下栏。

归义军时期，敦煌地区的义学即民间私塾教育，与以前相比，更为普及和兴盛，私塾教育消费也有所发展。据李正宇先生的归纳和考证，文书中能见到的归义军时期敦煌民间私塾共有8所，即郎义君学士[①]、李家学郎[②]、张球学郎[③]、就家学士郎[④]、白侍郎学仕郎[⑤]、氾孔目学仕郎[⑥]、孔目官学仕郎[⑦]、安参谋学仕郎[⑧]。民间私塾教育的普及，扩大了敦煌各阶层、各群体民众受教育的机会，促进了教育消费的发展。

吐蕃占领时期，由于统治者对于佛教的极力推崇，寺院经济的发展，以及唐朝"破落官"不断涌入空门，使得寺学变为僧俗兼收，以《经》《律》《论》为主，兼授佛学、儒学的新型学校。归义军统治时期，由于归义军首领的支持，在原有基础之上，寺学更加兴盛。吐蕃占领时期和归义军统治时期，寺学消费的阶层既包括吐蕃贵族子弟、世家豪族子弟，也包括普通百姓子弟，消费群体比较广泛，寺学消费比较普遍。S.707《孝经一卷》尾题

---

① 在唐中和五年（885年）前后。
② 在唐大顺元年（890年）前后。
③ 在晚唐昭宗、哀宗（889—907年）前后。
④ 在后周显德四年（957年）前后。
⑤ 在宋开宝九年（976年）至太平兴国二年（977年）前后。
⑥ 在宋太平兴国三年（978年）前后。
⑦ 在宋太平兴国三年（978年）前后。
⑧ 在宋雍熙三年（986年）前后。

记载曹议金次子曹元深曾就读于三界寺①，P.3692《李陵与苏武书一首》尾题记载索勋之孙即张淮深外孙索富通曾就读于金光明寺。②佛教提倡众生平等，因此，社会各阶层、各群体的子弟均享有进入寺学的平等机会和权利。在现有的敦煌文献中，并未发现直接可以证明寺学教育是一种收费教育的资料。据此推测，唐宋时期敦煌寺学教育有可能是一种免费教育，其物质基础在于寺院经济的发达，其目的主要在于扩大佛教的影响力，是一种带有历史时代特点和地域特色的教育消费风俗。

上述这些私学教育的兴盛，打破了唐宋时期敦煌世家豪族、官僚群体对学校文化教育的垄断，增加了普通民众群体接受教育的机会，在丰富唐宋时期敦煌社会教育消费内容的同时，也扩大了对于社会各阶层、各群体进行文化认同渗透的层面。

二、婚丧消费

婚嫁、丧葬是唐宋时期敦煌各群体仪礼消费中的重要项目，

---

① 说明：（1）题记：同光三年（925年）乙酉岁十一月八日三界寺学仕郎郎君曹元深写记。按：中有子目：至德章第十三、广扬名章第十四、谏静章第十五、□应章第十六、□君章第十七、□亲章第十八。施萍婷主撰稿，邰惠莉助编，敦煌研究院编：《敦煌遗书总目索引新编》，北京：中华书局，2000年，第24页。（2）《英藏敦煌文献（汉文佛经以外部分）》第2卷（S.525—S.1380），成都：四川人民出版社，1990年，第123页上栏。

② 说明：（1）题记：壬午年二月廿五日金光明寺学郎索富通书记之耳。施萍婷主撰稿，邰惠莉助编，敦煌研究院编：《敦煌遗书总目索引新编》，北京：中华书局，2000年，第293页。（2）《法国国家图书馆藏敦煌西域文献》第26册（P.3581—P.3701），上海：上海古籍出版社，2002年，第332页下栏。

也是相对于其他生活花销投资较多的消费形式。婚嫁消费和丧葬消费，是人生历程中极为重要的两件大事，有固定的仪式和程序。其中一部分是出于儒家的礼仪，还掺入了不少民生、宗教的成分。①

（一）婚嫁消费

婚嫁消费之时的礼仪产生主要来自两方面："一是出于礼法，从商周以来的六礼；二是成于习俗，也是一种民族文化的积淀，在民间自然衍生、流变，不受礼法的拘约，情之所至，随需而生，丰富多彩，因时、因地、因人而异。所以各朝、各地的婚仪，往往有共性和个性之别。"②S.1725《大唐吉凶书仪》记载了婚礼之前举行的祭礼仪式内容：

> 先人祭法，在于中庭，近西置席，安祭盘。祭人执酒盏曰："敬启亡考妣之灵长子小儿甲乙年已成立，某氏不遣，眷成婚媾，择卜良辰，礼就朝吉，设祭家庭，众肴备具，伏愿尚飨。"卑者再拜。婿父在庭前，面向南坐，儿面向北立。父告子："自往迎汝妻，承奉宗厝（庙）。"子答曰："维不敢辞。"

---

① 说明：（1）王三庆曾就敦煌的婚礼程序撰有专文。王三庆：《敦煌写卷记载的婚礼节目与程序》，柳存仁等著：《庆祝潘石禅先生九秩华诞敦煌学特刊》，台北：文津出版社，1996年，第533—564页。（2）余欣：《神道人心：唐宋之际敦煌民生宗教社会史研究》，北京：中华书局，2006年，第240页。

② 谭蝉雪：《敦煌民俗：丝路明珠传风情》，兰州：甘肃教育出版社，2006年，第189页。

图 24 弥勒经变之吐蕃族婚礼 榆林窟第 25 窟主室北壁 中唐①

① 图源:《榆林窟第 25 窟》。https://www.dha.ac.cn/info/1426/3635.htm,2023 年 1 月 6 日。

再拜如（而）出，往达妇家门外。妇翁在门东颊，面向西立，女婿在西畔，面向东立。妇翁曰："敢请吾子升。"女婿答曰："维不敢拜（敢辞）。"妇翁于先入门，女婿随后如（而）入，至门内，还依门外法。妇翁曰："还请吾子升。"女婿答曰："维不敢辞。"女在中庭东畔，面西向立。女婿正北质（直）方行，男女相当，女婿抱鹅向女所低跪，放鹅于女前，还向西，回出门外。女向父前面正北立。父诫女曰："敬之慎之，宫室□□（写本残缺，当有脱字①）。"母诫女曰："敬之慎之，夙夜无违！"引女出门外，扶上车……于门西畔设同牢盘，旧（男）东坐，女在盘西坐，合及男西女东，连瓢共饮……至晓，新妇整顿钗花，拜见舅姑、大人。翁于北堂南阶前，东畔铺席，面向西坐。姬在北堂户西畔，面向南坐。新妇在中庭正南铺席，面向北立。中庭近东铺席，置脯及果各一盒。新妇北质（直）方行，先将脯盒，大人、翁前再拜讫，互（低）跪献脯盒……宾客诸亲聚集，坐定量分，新妇出扇，在庭前正南立，拜见宾客。②

婚嫁的消费虽然因人因时而异，但总是一笔大开支。婚礼的各个环节都要消费财物，特别是彩礼与喜宴，开支尤巨。S.4609《宋

---

① 周一良：《敦煌写本书仪中所见的唐代婚丧礼俗》，《文物》，1985年第7期，第17页。
② 《英藏敦煌文献（汉文佛经以外部分）》第3卷（S.1386—S.2081)，成都：四川人民出版社，1990年，第130—131页。

太平兴国九年（984年）十月邓家财礼目》[①]载：

1. 邓家财礼目。
2. 碧绫裙壹腰、紫绫襕裆壹领、黄画被（帔）子壹条，三事
3. 共壹对。红罗裙壹腰、贴金衫子壹领、贴金礼巾
4. 壹条，三事共壹对。绿绫裙壹腰、红锦襕裆壹领、
5. 黄画被（帔）子壹条，三事共壹对。紫绣裙壹腰、紫
6. 绣襕裆壹领、紫绣礼巾壹条，三事共壹对。又红罗
7. 裙壹腰、红锦襕裆壹领、黄画被（帔）子壹条，三事共
8. 壹对。又紫绣裙壹腰、绣襕裆壹领、绣礼巾壹条，
9. 三事共壹对。又绿绫裙壹腰、红锦襕裆壹领、银
10. 泥礼巾壹条，三事共壹对。沙沙那锦壹张、青锦
11. 壹张、红锦两匹、绣锦壹匹、白罗壹匹、紫罗壹匹、绮正
12. 绫壹匹、楼机绫壹匹、生绢两匹、红锦被两张、非（绯）锦被
13. 壹张、紫绮褥壹面、非（绯）锦褥壹面。
14. 布绁壹枚、联盖壹副、油酥肆䭾、麦肆载、羊贰口、
15. 驼贰头，马贰匹。

[①] 说明：末一行为"太平兴国九年十月□日表节度都头知衙前虞侯阎章仵牒"。施萍婷主撰稿，邰惠莉助编，敦煌研究院编：《敦煌遗书总目索引新编》，北京：中华书局，2000年，第143页。

16. 右前件物至惭寡薄，实愧轻微，聊申

17. 亲礼之仪，用表丹诚之恳。伏垂

18. 亲家翁容许

19. 领纳　谨状。

20. 牒件状如前，谨牒。

21. 太平兴国九年十月□日表节度都头知衙前虞侯阎章仵牒[①]

S.4609《宋太平兴国九年（984年）十月邓家财礼目》计有"三事共壹对"的裙（或裆、或衫）披（或巾）七套、沙沙那锦一张、青锦一张、红锦二匹、绣锦一匹、白罗一匹、紫罗一匹、绮正绫一匹、楼机绫一匹、生绢二匹、红锦被二张、绯锦被一张、紫绮褥一面、绯锦褥一面、布缣一枚、联盏一副、油酥四䭾、麦四载、羊二口、驼二头、马二匹，据此可看出其时敦煌地区较为殷富之家的彩礼消费水平。

P.3774《丑年（821年）十二月沙州僧龙藏牒为遗产分割纠纷》[②]载僧龙藏侄子娶妻彩礼消费曰："一宣子娶妻，妇财麦廿石，

[①] 唐耕耦、陆宏基：《敦煌社会经济文献真迹释录》（第4辑），北京：全国图书馆文献缩微复制中心，1990年，第6页。

[②] 说明：（1）《敦煌遗书总目索引新编》定名为"僧龙藏呈明与大哥析产牒"，分部落，吐蕃时物。施萍婷主撰稿，邰惠莉助编，敦煌研究院编：《敦煌遗书总目索引新编》，北京：中华书局，2000年，第298页。（2）唐耕耦、陆宏基：《敦煌社会经济文献真迹释录》（第2辑），北京：全国图书馆文献缩微复制中心，1990年，第283—286页。

图 25　中古婚俗（入夫婚）　莫高窟第 12 窟主室南壁　晚唐[1]

羊七口，花毡一领，布一匹，油二斗伍升，充妇财。"[2] 这是其时较为富裕家庭的彩礼支出记录。又载："一大兄嫁女二，一氾家，一张家。妇财麦各得廿石。""一齐周嫁女二，一张家，一曹家。各得麦廿石，并入大家使用。"[3] 据此可知，普通群体中等家庭的婚嫁财礼消费大致为麦廿石。

---

[1] 图源：数字敦煌。入夫婚（男拜女揖）：左侧青庐中礼席客人已就座，右侧跪拜者为新郎，一旁站立作揖的是新娘，他们身后为一众傧相。

[2] 唐耕耦、陆宏基：《敦煌社会经济文献真迹释录》（第 2 辑），北京：全国图书馆文献缩微复制中心，1990 年，第 285 页。

[3] 唐耕耦、陆宏基：《敦煌社会经济文献真迹释录》（第 2 辑），北京：全国图书馆文献缩微复制中心，1990 年，第 285 页。

《敦煌社会经济文献真迹释录》收录了1件归义军时期的文书①，此件为S.4643《甲午年五月十五日阴家婢子小娘子荣亲客目》②、S.4121《甲午年五月十五日阴家婢子小娘子荣亲客目》③、S.4700《甲午年五月十五日阴家婢子小娘子荣亲客目》④三件之缀合文书。其中，S.4700《甲午年五月十五日阴家婢子小娘子荣亲客目》后缺，仅残存部分就有470多人。阴氏家族是敦煌当地大族，与各时期的执政者都保持良好关系，且积极参与石窟营建活动。⑤从文献记载来看，其荣亲支出也比较大。据此推测，世家豪族群体的荣亲消费规模应与此相当。

（二）民间结社中的丧葬互助消费

死亡乃人生之终止，但与此相关的丧葬消费却没有随之终止。作为人生之旅的终结消费，丧葬的消费开支往往也很大。小殓、大殓、殡葬、七七、百日、小祥、大祥都要设祭。设祭时常要恭

---

①《敦煌社会经济文献真迹释录》（第4辑）定名为"甲午年（994年）五月十五日阴家婢子小娘子荣亲客目"。唐耕耦、陆宏基：《敦煌社会经济文献真迹释录》（第4辑），北京：全国图书馆文献缩微复制中心，1990年，第10—13页。

② 说明：（1）存约40户。施萍婷主撰稿，邰惠莉助编，敦煌研究院编：《敦煌遗书总目索引新编》，北京：中华书局，2000年，第144页。（2）《英藏敦煌文献（汉文佛经以外部分）》第6册（S.4226—S.4901），成都：四川人民出版社，1992年，第198页上栏。

③ 说明：（1）池田温定名为"甲午年（934年）沙州阴家荣亲客目"。（2）《英藏敦煌文献（汉文佛经以外部分）》第5卷（S.3048—S.4220），成都：四川人民出版社，1992年，第255页上栏。

④《英藏敦煌文献（汉文佛经以外部分）》第6卷（S.4226—S.4901），成都：四川人民出版社，1992年，第241页下栏。

⑤ 张景峰：《敦煌阴氏与莫高窟研究》，博士学位论文，兰州大学，2014年，第1页。

请僧人莅会。《敦煌社会经济文献真迹释录》(第4辑)就收录了为七七、百日、小祥、大祥而设供恭请僧人的疏文23件。出殡等也要设宴，被请者也要有所赒赠。《敦煌社会经济文献真迹释录》(第4辑)收录了P.3416P1《乙未年二月十八日程虞侯家荣葬名目》①、P.3416P2《乙未年某某荣葬名目》两件荣葬名目。其中，P.3416P2《乙未年某某荣葬名目》存14行，有9行较为完整，录文如下：

1. ☐☐☐☐☐☐☐☐名目如后：
2. 社官程☐☐☐☐☐
3. 社长郭　饼粟　白练一匹，共怀恩合
4. 屈录事　饼粟
5. 虞侯程☐☐☐☐
6. 辛押衙　饼粟　破生绸白绸
7. 郭憨子　饼粟　白绸二丈五尺
8. 张钵子　饼粟　白练紫绸一丈
9. 张六子　饼粟　青绸白练绯绸紫绸二丈
10. 郭贞信　饼粟　白绵绫一丈二尺、黄画披子七尺
11. 郭再升　饼粟　白绵绫二丈四尺

---

① 参阅：(1)唐耕耦，陆宏基：《敦煌社会经济文献真迹释录》(第4辑)，北京：全国图书馆文献缩微复制中心，1990年，第23—24页。(2)《法国国家图书馆藏敦煌西域文献》第24册(P.3371—P.3508)，上海：上海古籍出版社，2002年，第141页。

图 26　丧葬观念及习俗　莫高窟第 12 窟主室南壁　晚唐①

12. 张文□□□□□□□□□□白䌷六尺紫䌷二尺
13. 张怀恩　饼粟
14. □□□□□□二丈四尺□□□□

（后缺）②

P.3416P1《乙未年二月十八日程虞侯家荣葬名目》存 18 行，多残缺，首行为"乙未年二月十八日程虞侯家荣葬名目如后"。该件文书是某社社员程虞侯"荣葬"所摊的"份子"。从中可见，赙赠饼粟和白色绢帛为当时丧葬消费之惯例。值得注

---

① 图源：数字敦煌。老人安详地坐在板车上，由亲人推着前往墓室。一旁三人持物品相送。
② 参阅：(1)《敦煌社会经济文献真迹释录》定名为"乙未年某某荣葬名目"。唐耕耦、陆宏基：《敦煌社会经济文献真迹释录》(第 4 辑)，北京：全国图书馆文献缩微复制中心，1990 年，第 25 页。(2)《法国国家图书馆藏敦煌西域文献》第 24 册 (P.3371—P.3508)，上海：上海古籍出版社，2002 年，第 142 页上栏。

意的是，该件文书所提及之"某社"即盛行于唐宋时期敦煌的民间结社。关于敦煌民间结社的相关研究成果有很多①，而关于结社的消费行为，孟宪实先生曾于书中略有提及②。在书中，孟先生将结社的消费行为定义为"共同消费"，并与"集体礼仪"并为同一标题之内，作为"民间结社与社会秩序"章节下的内容。

唐宋时期，在敦煌广泛盛行的以"社"命名的社会组织，有着各种各样的社会消费活动，其特点是依靠群体力量，采取集体行动，形成共同消费，来维护社员的各种利益，使群体中的成员在敦煌这块土地上得以更好地生存、发展。丧葬互助纳赠消费，是各种"社"的主要社会作用之一。在这里，有以等级命名的"官人社"，以血缘纽带缔结的"亲情社""兄弟社"，以性别联结的"女人社"和维护社会生产的"渠人社"等。不同的命名，却蕴含着共同的文化认同——各结社之社条定规。S.5828《社司不承修功

---

① 参阅：(1)宁可、郝春文：《敦煌社邑文书辑校》，南京：江苏古籍出版社，1997年。(2)郝春文：《中古时期社邑研究》，上海：上海古籍出版社，2019年。(3)孟宪实：《敦煌民间结社研究》，北京：北京大学出版社，2009年。(4)孟宪实：《论唐宋时期敦煌民间结社的组织形态》，《敦煌研究》，2002年第1期，第59-65+112页。(5)孟宪实：《唐朝政府的民间结社政策研究》，《北京理工大学学报(社会科学版)》，2001年第1期，第25—30页。(6)〔日〕守屋美都雄著，钱航、杨晓芬译：《中国古代的家族与国家》，上海：上海古籍出版社，2010年。(7) 冯培红：《敦煌基层社会史刍议》，《中国高校社会科学》，2015年第2期，第84—88页。(8)牟发松：《社会与国家关系视野下的汉唐历史变迁》，上海：华东师范大学出版社，2006年。(9)胡同庆：《从敦煌结社活动探讨人的群体性以及个体与集体的关系》，《敦煌研究》，1990年第4期，第77—81+62+127页。

② 孟宪实：《敦煌民间结社研究》，北京：北京大学出版社，2009年，第98页。

德状》① 载：

（前缺）

1. 在城内有破坏兰若及故破佛堂等。
2. 社内先来无上件功德修理条教。忽然放帖，
3. 集点社人，敛索修理兰若及佛堂。于他众
4. 人等情理不喜欢修理。☐☐☐☐☐☐☐☐☐
5. 何不相时。只如本社条件。每年正月十四日各令
6. 纳油半升，于普光寺上灯。犹自有言语，遂
7. 即便停。已经五六年来，一无荣益。近日却置
8. 依前税油上灯，亦有前却不到，何况条外抑
9. 他布施。从今已（以）后，社人欲修功德及布
10. 施财物并施力修营功德者，任自商量。
11. 随力所造，不关社☐☐☐☐☐☐
12. 若有社司所由☐ ☐☐☐☐☐☐☐☐
13. 理塔舍，并不在集☐ ☐☐☐☐☐☐☐☐
10. 一头，将充社内☐☐☐☐☐☐☐②

（后缺）

---

① 说明：(1) 孟宪实定名为"社司不拟向普光寺纳油并修理佛寺牒"（拟），《敦煌民间结社研究》，北京：北京大学出版社，2009 年，第 156 页。(2)《敦煌宝藏》定名为"社司公告普光寺纳油并修理佛寺牒"。黄永武：《敦煌宝藏》第 44 册（S.5613—S.6051)，台北：新文丰出版公司，1981 年，第 496 页。

② 《英藏敦煌文献（汉文佛经以外部分）》第 9 卷（S.5645—S.5964V），成都：四川人民出版社，1994 年，第 170 页上栏。

图 27　老人入墓　榆林窟第 25 窟主室北壁　中唐①

---

① 图源：数字敦煌。老人戴透额罗帽，着圆领白袍服，足蹬软鞋，挂镂空杖，安详地坐墓床上，床前有弧门装饰，墓内挂山水屏风画。老人正与亲属执手告别，亲属八人均显得非常痛苦，或用巾拭泪，或以袖掩面，或趴地跪拜。

敦煌民间结社多，各社条规定也不限于此。现仅举其中之一例，用以说明社邑成员在缔结"消费共同体"之时所要作出的承诺。上列文献乃是社条执行的相关申明式文件，也可视为社条条约的延伸。而据宁可、郝春文先生的共同解读，认为："本件是社司向寺院所上的拒绝承修兰若、佛堂的文状，声明不再以社司名义修营燃灯以外的任何功德。本件是了解敦煌私社与寺院之间关系的重要材料。"[①]"社"即以"互助"之目的，共同消费之形式，将社会各群体吸纳和统一于既非宗族又非官方政府、亦非宗教形式的社会组织之内，以共同的文化认同——社条规定，以民众自愿的方式，形成一种不同于宗教信仰和行政干预的另一股维护唐宋时期敦煌社会秩序稳定的有效力量。

三、祭礼消费

祭礼是将自然崇拜和祖先崇拜融为一体的宗教仪式。敦煌的祭礼活动在各类文献卷子、壁画和画像砖中不难见其踪影。敦煌民间四时八节祭鬼神之消费风俗，在唐宋时期非常流行。P.3418《王梵志诗》载："四时八节日，家家鬼哭声。侍养不孝子，酒食

---

① 宁可：《述"社邑"》，《北京师院学报（社会科学版）》，1985第1期，第12—24页。

祭先灵。"① 又如 P.2587《二教论》②、P.2807《愿文等》③、P.2854《礼佛发愿文等》④、P.2809《劝善文等》⑤、P.2055《佛说盂兰盆经等》⑥、P.4640《阴处士碑等》⑦、S.1366《使衙油面破历》⑧、S.5448《敦煌录一卷等》⑨、S.343《文样（悔文、愿文、亡妣文、亡僧文等）》⑩、S.6315《文样（灯文、愿文等）》⑪ 等，均载有四时八节、赛天王、赛袄神、赛河神、赛水神、赛马神、赛路神、赛雷神等。驱傩是用以驱鬼逐疫、消灾纳吉而进行的宗教祭礼仪式，它是以舞蹈与

---

① 《法国国家图书馆藏敦煌西域文献》第 24 册 (P.3371—P.3508)，上海：上海古籍出版社，2002 年，第 146 页上栏。
② 《法国国家图书馆藏敦煌西域文献》第 16 册 (P.2561—P.2630)，上海：上海古籍出版社，2001 年，第 132—134 页。
③ 《法国国家图书馆藏敦煌西域文献》第 18 册 (P.2729—P.2824)，上海：上海古籍出版社，2001 年，第 329—334 页。
④ 《法国国家图书馆藏敦煌西域文献》第 19 册 (P.2825—P.2907)，上海：上海古籍出版社，2001 年，第 121—125 页。
⑤ 《法国国家图书馆藏敦煌西域文献》第 18 册 (P.2729—P.2824)，上海：上海古籍出版社，2001 年，第 342—344 页。
⑥ 《法国国家图书馆藏敦煌西域文献》第 3 册 (P.2040—P.2058)，上海：上海古籍出版社，1994 年，第 339—348 页。
⑦ 《法国国家图书馆藏敦煌西域文献》第 32 册 (P.4526—P.4646)，上海：上海古籍出版社，2005 年，第 250—258 页。
⑧ 《英藏敦煌文献（汉文佛经以外部分）》第 2 卷 (S.525—S.1380)，成都：四川人民出版社，1990 年，第 277 页。
⑨ 《英藏敦煌文献（汉文佛经以外部分）》第 7 卷 (S.4909—S.5549)，成都：四川人民出版社，1992 年，第 91—97 页。
⑩ 《英藏敦煌文献（汉文佛经以外部分）》第 1 卷 (S.10—S.522)，成都：四川人民出版社，1990 年，第 140—145 页。
⑪ 《英藏敦煌文献（汉文佛经以外部分）》第 11 卷 (S.6308—S.6907)，成都：四川人民出版社，1994 年，第 6 页。

歌唱为基本语汇来进行拟态表演的。敦煌文献中保存了反映民间进行驱傩活动时运用的数十首驱傩歌词，如P.2569V《儿郎伟》[1]、P.3552《儿郎伟驱傩文》[2]、P.2612V《儿郎伟一首》[3]、P.3270《儿郎伟驱傩文》[4]、P.3468《驱傩二首》[5]、P.3555B《儿伟郎》[6]、P.3702《太平颂（六言句）》[7]、P.3856《儿伟郎》[8]、P.4011《儿伟郎（驱傩颂扬破甘州事）》[9]、P.4055《儿伟郎》[10]、P.4976《儿伟郎（首题）》[11]、

---

[1]《法国国家图书馆藏敦煌西域文献》第16册（P.2561—P.2630），上海：上海古籍出版社，2001年，第31—32页。

[2]《法国国家图书馆藏敦煌西域文献》第25册（P.3509—P.3580），上海：上海古籍出版社，2002年，第231页上栏。

[3]《法国国家图书馆藏敦煌西域文献》第16册（P.2561—P.2630），上海：上海古籍出版社，2001年，第251页。

[4]《法国国家图书馆藏敦煌西域文献》第22册（P.3137—P.3276），上海：上海古籍出版社，2002年，第333页上栏。

[5]《法国国家图书馆藏敦煌西域文献》第24册（P.3371—P.3508），上海：上海古籍出版社，2002年，第284页上栏。

[6]《法国国家图书馆藏敦煌西域文献》第25册（P.3509—P.3580），上海：上海古籍出版社，2002年，第243页上栏。

[7] 说明（1）此依黄永武定名。《敦煌宝藏》第130卷（P.3682—P.3798），台北：新文丰出版公司，1981年，第75页。（2）《法国国家图书馆藏敦煌西域文献》定名为"儿郎伟驱傩文"。《法国国家图书馆藏敦煌西域文献》第27册（P.3702—P.3770），上海：上海古籍出版社，2002年，第1页上栏。

[8]《法国国家图书馆藏敦煌西域文献》第28册（P.3771—P.3860），上海：上海古籍出版社，2004年，第382页上栏。

[9]《法国国家图书馆藏敦煌西域文献》第30册（P.3917—P.4020），上海：上海古籍出版社，2003年，第342页上栏。

[10]《法国国家图书馆藏敦煌西域文献》第31册（P.4021—P.4525），上海：上海古籍出版社，2005年，第46页下栏右侧。

[11]《法国国家图书馆藏敦煌西域文献》第33册（P.4647—P.4999），上海：上海古籍出版社，2005年，第327页上栏。

图 28　婚礼中的对舞　榆林窟 38 窟　五代

S.2055V《除夕钟馗驱傩文(拟)》[①]、S.6181《儿郎伟(原题)》[②]等，都真实地反映了唐宋时期，每逢除夕之夜，敦煌的各级衙门和街道坊巷，组成规模浩大的驱傩队伍，人们扮作方相氏、五道神将、钟馗、夜叉等，戴面具、着彩衣、执戈扬盾、载歌载舞、击鼓奏乐、穿街走巷、驱鬼逐疫，引起百姓聚观。

上述这些民众化的迎神赛社与驱傩等祭礼活动既是敦煌的一种文化现象，也是唐宋时期敦煌社会精神消费的一个重要组成

---

①《英藏敦煌文献（汉文佛经以外部分）》第 3 卷（S.1386—S.2081），成都：四川人民出版社，1990 年，第 235 页。

②《英藏敦煌文献（汉文佛经以外部分）》第 10 卷（S.5966—S.6307），成都：四川人民出版社，1994 年，第 152 页下栏。

部分。P.2641《宴设司呈报设宴帐目四通》^①载："陆月七日，使出赛马神设用细供叁百伍拾壹分，胡饼壹百柒拾贰枚，又胡饼壹千三枚。"^②此次共耗面达十二石五斗四升四合，按当时每日人均二升面的定量，可供627人食用。^③可见，此次赛神场面宏大，消费奢侈，对于当时处于敦煌社会下层的百姓来说，是一笔不小的开支。又如S.1519《壬子年某寺油面破历》^④载："油一升一抄，酒半瓮，（正月）十五日东窟上燃灯及赛天王用。"^⑤P.2629《归义军酒破历》^⑥载"十月四日迎赛南山酒壹斗"^⑦，这是民众祈赛观音

---

① 说明：（1）按：此宴设司当属归义军，故款待于阗使次数特多。施萍婷主撰稿，邰惠莉助编，敦煌研究院编：《敦煌遗书总目索引新编》，北京：中华书局，2000年，第248页。（2）《法国国家图书馆藏敦煌西域文献》定名为"丁未年六月都头知宴设使呈设宴账目"。《法国国家图书馆藏敦煌西域文献》第17册（P.2631—P.2728），上海：上海古籍出版社，2001年，第62—63页。（3）《敦煌宝藏》定名为"宴设司呈报账目"。《敦煌宝藏》第123卷（P.2630—P.2751），台北：新文丰出版公司，1981年，第95—96页。

② 此件为P.2641《丁未年六月都头知宴设使呈设宴账目》文书四片中的第一片。《法国国家图书馆藏敦煌西域文献》第17册（P.2631—P.2728），上海：上海古籍出版社，2001年，第62页。

③ 谭蝉雪：《敦煌祈赛风俗》，《敦煌研究》，1993第4期，第61—67页。

④ 此件为S.1519《某寺油面破历（庚戌年） 辛亥年十二月某寺直岁法胜所破油面历 壬子年某寺油面破历》其中一件。

⑤ 说明：（1）《英藏敦煌文献（汉文佛经以外部分）》第3卷（S.1386—S.2081），成都：四川人民出版社，1990年，第88页。（2）黄永武定名为"庚戌、辛亥、壬子年直岁法胜等所破油面历"。《敦煌宝藏》第11册（S.1444—S.1577），台北：新文丰出版公司，1981年，第347页。

⑥ 说明：钤"归义军节度使新铸印"，此件上接"敦研001号"。施萍婷主撰稿，邰惠莉助编，敦煌研究院编：《敦煌遗书总目索引新编》，北京：中华书局，2000年，第247页。

⑦《法国国家图书馆藏敦煌西域文献》第16册（P.2561—P.2630），上海：上海古籍出版社，2001年，第362—363页。

的祭礼消费记载。

婚嫁、丧葬、祭礼是唐宋时期敦煌民众生活消费中的重要项目。婚嫁与丧葬对一个人来说一生仅一次，正因为其存在唯一性与特殊性，所以在人们心目中具有特定的位置，是奢靡、攀比和炫耀消费的潜在因素。

第四章
游戏娱乐消费：文化认同的实践

"岁时者，乃人类社会所形成的常规性的定时、定制的习俗和群体活动。"①

中国历法以春分、夏至、秋分、冬至为基础架构，将一年分为二十四节气，分别为：立春、雨水、惊蛰、春分、清明、谷雨、立夏、小满、芒种、夏至、小暑、大暑、立秋、处暑、白露、秋分、寒露、霜降、立冬、小雪、大雪、冬至、小寒、大寒。在农业社会里的一切农事活动，均依节气来安排，正所谓春耕、夏耘、秋收、冬藏，四者不失其时，则五谷不绝的道理。

在以农为主的敦煌地区，与岁时祭礼相关的消费活动亦是种类繁多，几乎每月都有。在敦煌文献中，也有关于岁时的解释，如敦煌写本《杂抄》载："四时八节。何名四时？春、夏、秋、冬。何名八节？立春、春分、立夏、夏至、立秋、秋分、立冬、冬至。"唐代农业生产尽管不同地区各有差异，但普遍重视岁时节气，注

---

① 谭蝉雪：《敦煌民俗：丝路明珠传风情》，兰州：甘肃教育出版社，2006年，第29页。

意耕作的时序、节令则是一致的。这一现象也反映在文人的诗歌中。在绚丽多彩的唐代诗歌中，文人咏节气的诗歌占有一定的地位，但大多是咏某一节气的诗。值得庆幸的是，在敦煌出现了保存完整的《咏二十四节气诗》，此长诗为 P.2624《卢相公咏廿四气诗》[①]、S.3880《二十四节气》[②] 共校之果。现据写本（照片）抄录如下：

一咏立春正月节：春冬移律吕，天地换星霜。冰泮游鱼跃，和风待柳芳。早梅迎雨水，残雪怯朝阳。万物含新意，同欢圣日长。**二咏雨水正月中**：雨水洗春容，平田已见龙。祭鱼盈浦屿，归雁过山峰。云色轻还重，风光淡又浓。向看入二月，花色影重重。**三咏惊蛰二月节**：阳气初惊蛰，韶光大地周。桃花开蜀锦，鹰老化春鸠。时候争催迫，萌芽互矩修。人间务生事，耕种满田畴。**四咏春分二月中**：二气莫交争，春分雨处行。雨来看电影，云过听雷声。山色连天碧，林苑向日明。梁间玄鸟语，欲似解人情。**五咏清明三月节**：清明来向晚，山渌正光华。杨柳先飞絮，梧桐续放花。鴐声知化鼠，虹影指天涯。已识风云意，宁愁雨谷赊。**六咏谷雨三月中**：谷雨春光晓，山川黛色青。叶间鸣戴胜，泽水长浮萍。暖屋生蚕蚁，喧风

---

① 说明：标题原有《法国国家图书馆藏敦煌西域文献》第16册（P.2561—P.2630），上海：上海古籍出版社，2001年，第327页。

② 《英藏敦煌文献（汉文佛经以外部分）》第5卷（S.3048—S.4220），成都：四川人民出版社，1992年，第194—195页。

引麦葶。鸣鸠徒拂羽，信矣不堪听。**七咏立夏四月节**：欲知春与夏，仲吕启朱明。蚯蚓谁教出，王菰自合生。帘蚕呈茧样，林鸟哺雏声。渐觉云峰好，徐徐带雨行。**八咏小满四月中**：小满气全时，如何靡草衰。田家私黍稷，方伯问蚕丝。杏麦修镰钐，锄茇竖棘篱。向来看苦菜，独秀也何为？**九咏芒种五月节**：芒种看今日，螗螂应节生。彤云高下影，鹨鸟往来声。渌沼莲花放，炎风暑雨清。相逢问蚕麦，幸得称人情。**十咏夏至五月中**：处处闻蝉响，须知五月中。龙潜渌水穴，火助太阳宫。过雨频飞电，行云屡带虹。蕤宾移去后，二气各西东。**十一咏小暑六月节**：倏忽温风至，因循小暑来。竹喧先觉雨，山暗雨闻雷。户牖深清霭，阶庭长绿苔。鹰鹯新习学，蟋蟀莫相催。**十二咏大暑六月中**：大暑三秋近，林钟九夏移。桂轮开子夜，萤火照空时。菰菓邀儒客，菰蒲长墨池。绛纱浑卷上，经史待风吹。**十三咏立秋七月节**：不期朱夏尽，凉吹暗迎秋。天汉成桥鹊，星娥会玉楼。寒声喧耳外，白露滴林头。一叶惊心绪，如何得不愁。**十四咏处暑七月中**：向来鹰祭鸟，渐觉白藏深。叶下空惊吹，天高不见心。气收禾黍熟，风静草虫吟。缓酌樽中酒，容调膝上琴。**十五咏白露八月节**：露沾蔬草白，天气转青高。叶下和秋吹，惊看两鬓毛。养羞因野鸟，为客讶蓬蒿。火急收田种，晨昏莫辞劳。**十六咏秋分八月中**：琴弹南吕调，风色已高清。云散飘飘影，雷收振怒声。乾坤能静肃，寒暑喜均平。忽见新来雁，人心敢不惊？**十七咏寒露九月节**：寒露惊秋晚，朝看菊渐黄。千家风扫叶，万里雁随阳。化蛤悲群鸟,收田畏早霜。因知松柏志,冬夏色苍苍。
十八咏霜降九月中:风卷清云尽,空天万里霜。野豺先祭月,仙菊遇重阳。秋色悲疏木,鸿鸣忆故乡。谁知一樽酒,能使百秋亡。**十九咏立冬十月节**:霜降向人寒,轻冰渌水漫。蟾将纤影出,雁带几行残。田种收藏了,衣裘制造看。野鸡投水日,化蜃不将难。**二十咏小雪十月中**:莫怪虹无影,如今小雪时。阴阳依上下,寒暑喜分离。满月光天汉,长风响树枝。横琴对渌醑,犹自敛愁眉。**廿一咏大雪十一月节**:积阴成大雪,看处乱霏霏。玉管鸣寒夜,披书绕绛帷。黄钟随气改,鹖鸟不鸣时。何限苍生类,依依惜暮晖。**廿二咏冬至十一月中**:二气俱生处,周家正立年。岁星瞻北极,舜日照南天。拜庆朝金殿,欢娱列绮筵。万邦歌有道,谁敢动征边?**廿三咏小寒十二月节**:小寒连大吕,欢鹊垒新巢。拾食寻河曲,衔柴绕树梢。霜鹰近北首,雊雉隐蘡茅。莫怪严凝切,春冬正月交。**廿四咏大寒十二月中**:腊酒自盈樽,金炉兽炭温。大寒宜近火,无事莫开门。冬与春交替,星周月讵存?明朝换新律,梅柳待阳春。①

唐宋时期敦煌地区节气与农业生产密不可分,节气有指导农桑的作用,敦煌地区如此,中原地区亦不例外。

---

① 参阅:(1)P.2624《卢相公咏廿四气诗》。《法国国家图书馆藏敦煌西域文献》第16册(P.2561)—P.2630),上海:上海古籍出版社,2001年,第327页。(2)S.3880《二十四节气》。《英藏敦煌文献(汉文佛经以外部分)》第5卷(S.3048—S.4220),成都:四川人民出版社,1992年,第194—195页。(3)包菁萍:《敦煌文献〈咏廿四气诗〉辑校》,敦煌研究,2005年01期,第88—94页+第115—116页。

图29　雨中耕作　莫高窟第23窟　盛唐①

娱乐消费是精神生活消费的重要组成部分,是通过物质消费形式来实现的,目的是满足人们精神上的需要,包括消遣、休闲、娱乐、观赏、审美、享受等过程,是生活消费水平提高的重要表现。

有关唐代娱乐消费的内容,白居易在《和春深二十首》"玲珑镂鸡子,宛转彩球花。碧草追游骑,红尘拜扫车""一先争破眼,六聚斗成花。鼓应投壶马,兵冲象戏车。弹棋局上事,最妙是长斜"等诗句中对上起帝王、宗室贵族、文武百官,下至平民百姓的各种娱乐活动,如打马球、竞渡、抛彩球、荡秋千、下围棋、斗花草、投壶、象戏、弹棋等都有详细的记载。②除白居易诗中描写的娱乐消费之外,唐人的文娱活动还有斗鸡、斗鸭、拔河、蹴鞠、

---

① 图源:数字敦煌。壁画中,天上乌云密布,瓢泼大雨倾泻,一农夫头戴席帽驱牛耕地,田间四人在席地餐饮。

② 陈贻焮主编:《增订注释全唐诗》卷四三八《白居易　二六》,北京:文化出版社,2001年,第535—538页。

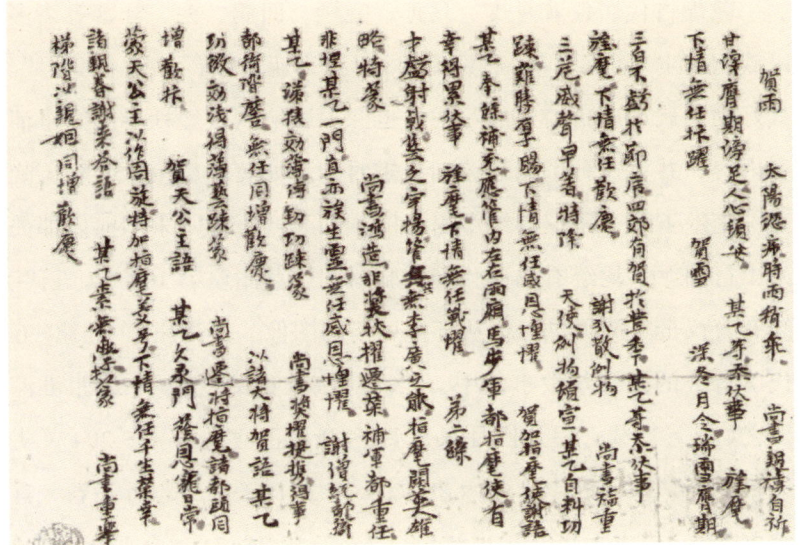

图 30 敦煌文献 S.3399《端午日贺扇》①

樗蒲、双陆、泼寒胡戏等。根据相关敦煌文献的记载,唐宋时期敦煌地区娱乐消费的内容非常丰富,主要包括狩猎、射箭、角抵、相扑、体操、技巧、举重、围棋、游泳、跳水、跳跃、投掷、划船、藏钩、马球、投壶、游戏、踏台、秋千、登山、滑沙、舞蹈等。

一、竞技消费

人们通常把"竞技"与体育比赛联系在一起,其实,"竞技"同时也是一种闲暇消费活动。唐宋时期敦煌地区的竞技消费内容,包括射箭、摔跤、相扑、秋千、蹴鞠、围棋、马球、赛龙舟等。

---

① 《英藏敦煌文献(汉文佛经以外部分)》第 5 卷(S.3048—S.4220),成都:四川人民出版社,1992 年,第 77 页下栏。

敦煌古代居住着月支、乌孙、突厥、回鹘、羌、吐蕃等诸多民族，他们"随逐水草，居处无常，射猎为业，又皆习武，善骑射"。其好动尚武、逐猎骑射的习俗，也深深影响到敦煌社会的娱乐消费内容，并将这种影响延续到唐宋时期。如莫高窟第156窟（晚唐）南壁下部《张议潮统军出行图》和北壁下部《宋国河内郡夫人出行图》中，均绘有场面壮观的骑射图。莫高窟第108窟（五代）绘有曹议金家族男供养侍从怀抱弓箭的图像。莫高窟第98窟（五代）背屏的归义军故事画中，绘有一幅狩猎图。P.3451《张淮深变文（拟）》①载："弓开偃月双交羽，斧斫□□立透胸。"S.2947《丈夫百岁篇》载："三十堂堂六艺全。"②P.2718《王梵志诗一卷（首题）》载："丈夫无伎艺，虚沾一世人。"③P.2567V《癸酉年（793年）沙州莲台寺诸家散施历状》记录了该寺自正月三日至二月八日间所得的诸家散施物品，其中就有"弓六张，箭二十一只等"④的记载。

---

① 说明：(1)藤枝晃定名为"尚书变文"。施萍婷主撰稿，邰惠莉助编，敦煌研究院编：《敦煌遗书总目索引新编》，北京：中华书局，2000年，第283页。(2)《法国国家图书馆藏敦煌西域文献》第24册（P.3371—P.3508），上海：上海古籍出版社，2002年，第254页上栏。

② 《英藏敦煌文献（汉文佛经以外部分）》第4卷（S.2092—S.3046），成都：四川人民出版社，1991年，第260页上栏。

③ 《法国国家图书馆藏敦煌西域文献》第17册（P.2631—P.2728），上海：上海古籍出版社，2001年，第349页上栏。

④ 参阅：(1)黄永武：《敦煌宝藏》第122册（P.2542—P.2629），台北：新文丰出版公司，第156页上栏。(2)P.2567V0《法国国家图书馆藏敦煌西域文献》第16册（P.2561—P.2630），上海：上海古籍出版社，2001年，第25页下栏。(3)P.2552V0《法国国家图书馆藏敦煌西域文献》第15册（P.2507—P.2560），上海：上海古籍出版社，2001年，第327页上栏。

角抵，也称角力、拍张、争交、摔跤等。它是指古人以两人对抗，运用劲力和技巧进行较量的一种活动。唐代的相扑也称角抵，比赛分春秋两季举行。每年正月十日和七月十五日中元节为角力之期。秦朝时，角力已经成为宫廷宴乐场合的表演节目之一："是时（秦）二世在甘泉（宫），方作角抵优俳之观。"① 唐代张文规②《吴兴杂录》载："七月中元节，俗好角力相扑，云秋瘴气也。"③ 唐代帝王也多好此戏。《角力记》载："唐宝历中，敬宗御三殿，观两军教坊内园分（明）[朋]驴鞠角抵。戏酣。有（□）[碎]首折臂者，一更三点方罢。穆宗即位初年，幸神策军，观角抵及百戏，日晏方罢。"④ 之后的唐文宗、唐僖宗等皇帝都喜欢看角抵。为此，宫里还设有专为皇帝娱乐服务的"角抵之徒"。宫中御用摔跤队叫"相扑朋"。唐代角抵还是军队训练和娱乐项目之一。左右神策军（禁卫军）中多善角抵，皇帝每赴神策军观看角抵。相扑在民间盛行是在宋代，当时已出现了专门的组织，如"角抵社""相扑社"等，成员基本是职业摔跤手。宫廷中的相扑手，称为"内等子"，由军队中选拔，属于左右军的编制。民间表演的则是"瓦市相扑手"，一般都是江湖卖艺之人，通常在集市庙会上表演。莫高窟第61窟（五代）西壁联屏式佛传画中绘有一

---

① 《史记》卷八十七《李斯列传第二十七》，北京：中华书局，1959年，第2559页。

② 参阅：（1）《新唐书》卷五十八《志第四十八·艺文二·校勘记》载"张文规吴兴杂录七卷"，北京：中华书局，1975年，第1507页。（2）《旧唐书》卷一二九《列传第七十九》，北京：中华书局，1975年，第3613页。

③ 翁士勋：《角力记校注》，北京：人民体育出版社，1990年，第58页。

④ 翁士勋：《角力记校注》，北京：人民体育出版社，1990年，第51—52页。

幅摔跤公开比赛图，图中两名选手正在一块专门的席毯上进行摔跤比赛，旁侧还有数人观看。现藏于法国国立博物馆的 P.2002V《白画相扑图稿》[①]，描绘了一场正在进行之中的相扑比赛，一名裁判站立在两名选手旁侧，两名选手赤身裸体，仅在腰间系一布带兜裆，头发扎成髻，并饰有两个角。比赛中，两名选手扭抱相搏，一选手抓住对方腰带，另一选手抱住对方的腿，双方身体重心都很低，正在奋力相搏，都在伺机采用技术制服对方。角抵已经成为唐宋时期敦煌社会的一种娱乐消费习俗。

马伎，是唐宋时期敦煌地区盛行的竞技消费活动。如莫高窟第156窟（晚唐）南壁下层《河西节度使张议潮统军出行图》和北壁下部《宋国河内郡夫人宋氏出行图》，均绘有乘坐马车的生动画面。莫高窟第100窟（五代）主室西、南、东壁所绘《曹议金出行图》和主室西、北、东壁所绘《曹议金的回鹘夫人出行图》，莫高窟第329窟（初唐）西壁龛顶南侧《夜半逾城》，都绘有壮观的骑乘场面。敦煌文书中也有很多关于马伎的记载，如S.1366《使衙油面破历》[②]就记有赏赐马骑参赛活动者所需食物的账目。

马球，是骑在马上用球杖击球的运动，其鼎盛时期是在唐代，亦称"打球""击球""击鞠"。据文献记载，唐代自高祖李渊起的20多个皇帝，差不多人人喜爱马球活动。《封氏闻见记》载："太

[①]《法国国家图书馆藏敦煌西域文献》第1册（P.2001—P.2031），上海：上海古籍出版社，1995年，第25页。

[②]《英藏敦煌文献（汉文佛经以外部分）》第2卷（S.525—S.1380），成都：四川人民出版社，1990年，第277—279页上栏。

图 31　P.2002 背面白画佛像若干尊①

宗常御安福门,谓侍臣曰:闻西蕃人好为打球,比亦令习,曾一度观之……"②唐中宗景龙二年(708年)"上好击球,由是风俗相尚,驸马武崇训、杨慎交洒油以筑球场。"③唐玄宗、唐穆宗、唐文宗、唐宣宗、唐僖宗、唐昭宗等都是击鞠高手。唐代除了帝王、贵族、文武大臣喜欢和直接参与这种活动之外,民间也同样盛行此举。唐景云年间(710—711年),因金城公主远嫁吐蕃,宫廷球队与吐蕃球队举行了一场友谊比赛:"景云中,吐蕃遣使迎金

---

①《敦煌宝藏》第 112 册(P.2001—P.2040),台北:新文丰出版公司,1981 年,第 22 页下栏。

②《封氏闻见记校注》,北京:中华书局,2005 年,第 53 页。

③《资治通鉴》卷二〇九《唐纪二十五·中宗景龙二年》,北京:中华书局,1956 年,第 6741 页。

城公主,中宗于梨园亭子赐观打球。"① 敦煌文书中有许多反映当时敦煌地区开展马球活动的情景。P.2544《诗文集》载:

> 时仲春,草木新,初雨后,路无尘。林间往往林(临)花鸟,楼上时时见美人。相问同情共言语,闲闷结伴就(就)球场。传(侍)中手执白玉鞍,都史乘骑紫骝马。青一队,红一队,轲皆铃笼(玲珑)得人爱。前回断当不盈(赢)输,此度若输没须赛。脱绯紫,着锦衣。银镫金鞍耀日辉。场里尘非(飞)马后去,空中毯(球)势杖前飞。球四(似)星,杖如月。骤马随风真(直)充(冲)穴。几人衣湿马汗流,传声相问且须休。或为马乏人力尽,还须连夜结残筹。②

这首诗描绘了马球比赛的消费内涵,如消费群体:观众(各界士女)、球队(青、红两队);消费马匹:银镫金鞍紫骝马;马球消费活动服饰:着锦衣。P.2568《南阳张延绶别传》载:"(张延绶)又善击毯(球),□□莫敌(会昌时□□节度使张君绪能对御打球)。"③ 张延绶为张议潮侄儿,是唐朝末年归义军节度使,该文记录了他擅长骑马打球。S.1477《祭驴文一首(尾题)》载:

---

① 〔唐〕封演撰,赵贞信校注:《封氏闻见记校注》,北京:中华书局,2005年,第53页。

② 《法国国家图书馆藏敦煌西域文献》第15册(P.2507—P.2560),上海:上海古籍出版社,2001年,第256页上栏。

③ 《法国国家图书馆藏敦煌西域文献》第16册(P.2561—P.2630),上海:上海古籍出版社,2001年,第27页上栏。

"教汝讬(托)生之处,凡有数般,莫生官人家,辄驮入长安。莫生军将家,打毬(球)力须瘫。"①驴子死后,主人以悲伤之情写下祭文,祈愿驴子来世托生莫再成为打球的坐骑。S.2947《丈夫百岁篇》载:"一十香风绽藕花,弟兄如玉父娘夸。平明趁伴争毬(球)子,直到黄昏不忆家。"②这充分反映出唐宋时期马球消费活动在敦煌社会的盛行程度。

唐代的球场非常宽广、规范,一般能存兵数千,并用油料来筑球场,使球场平滑如镜,既可防雨,又可防马踏之后尘土飞扬,耗资颇多。球场的三面用矮墙围之,一面是殿、亭、楼、台之类,以供观赏之用。《资治通鉴》卷二百六十六载:"渥居丧,昼夜酣饮作乐。燃十围之烛以击球,一烛费钱数万。"③这提供了当时已有"夜光球场"和夜间进行比赛的例证。P.3239《敕归义军节度兵马留后使牒》载:"尘飞草动,领步卒虽到球场。烈(列)阵排军,更宜尽忠而效节。"④这描写了马球场地规模之大,可"列阵排军",

---

① 《英藏敦煌文献(汉文佛经以外部分)》第3卷(S.1386—S.2081),成都:四川人民出版社,1990年,第79页下栏。

② 《英藏敦煌文献(汉文佛经以外部分)》第4卷(S.2092—S.3046),成都:四川人民出版社,1991年,第260页上栏。

③ 《资治通鉴》卷二六六《后梁纪一·太祖开平元年》,北京:中华书局,1956年,第8787页。

④ 说明:(1)有印鉴,印文可见"沙州"二字。陈柞龙释此印文为"沙州观察处置使之印"。施萍婷主撰稿,邰惠莉助编,敦煌研究院编:《敦煌遗书总目索引新编》,中华书局,2000年版,第273页。(2)《法国国家图书馆藏敦煌西域文献》第22册(P.3137—P.3276),上海:上海古籍出版社,2002年,第269页下栏。(3)唐耕耦、陆宏基:《敦煌社会经济文献真迹释录》(第4辑),全国图书馆文献缩微复制中心,1990年版,第293页。

也足见其耗资甚多。敦研001《归义军衙府酒破历》载:"十九日,寒食座设酒叁瓮,支十乡里正纳毬(球)场酒半瓮。"①S.1366《使衙油面破历》载:"二十一日,准旧十乡里正纳球场胡饼四十二枚,用面二斗一升。"②这是球场管理中所支出的账目单。P.3702《儿郎伟驱傩文》云:"朔方安下总了,沙州善使祗迎。此至正月十五(日),毬(球)场必见鼓声。"③P.3451《张淮深变文(拟)》云:"上下九使,重赍国信,远赴流沙。诏赐尚书,兼加重锡,金银器皿,锦绣琼珍,罗列球场,万人称贺……到日球场宣诏喻(谕),敕书褒奖更丁宁……安下既毕,日置歌筵,球乐宴赏,无日不有。"④P.3945V《归义军节度时期官营牧羊算会历状》⑤载:"二口羯羊,七月内宴设司用充打球局,不入破收。"这是用羊充打球局的文字记录。可以推测,球场除了练兵之外,还要用于宣

---

① 参阅:(1)施萍亭:《本所藏〈酒账〉研究》,敦煌研究,1983年创刊号(总第3期),第142—155页。(2)《甘肃藏敦煌文献》第1卷(敦研001—敦研279),兰州:甘肃人民出版社,1999年,第1页。

② 《英藏敦煌文献(汉文佛经以外部分)》第2卷(S.525—S.1380),成都:四川人民出版社,1990年,第277页下栏—278页上栏。

③ 《法国国家图书馆藏敦煌西域文献》第27册(P.3702—P.3770),上海:上海古籍出版社,2002年,第1页上栏。

④ 参阅:(1)潘重规:《敦煌变文集新书》卷5,台北:文津出版社,1994年,第943—944页。(2)《法国国家图书馆藏敦煌西域文献》第24册(P.3371—P.3580),上海:上海古籍出版社,2002年,第253页。

⑤ 说明:(1)此依姜伯勤定名。施萍婷主撰稿,邰惠莉助编,敦煌研究院编:《敦煌遗书总目索引新编》,中华书局,2000年版,第306页。(2)《法国国家图书馆藏敦煌西域文献》定名为"官营牧羊算会历"。《法国国家图书馆藏敦煌西域文献》第30册(P.3917—P.4020),上海:上海古籍出版社,2003年,第272页下栏。

示诏谕、宴设和击球等活动。

球杖是马球活动的主要器材之一,也是马球活动常备消费品之一。制作球杖时,其取材,装饰尤为精细。莫高窟第100窟(五代)主室北壁下部《曹议金出行图》和莫高窟第61窟(五代)东壁《维摩诘变相各国王子听法图》等中,均可见到执球杖的供奉官。因马球风行,敦煌还发展了球杖制作手工业。S.1366《使衙油面破历》载:"支孔法律纳毬(球)杖,面一斗、油一升。"①

敦煌的马球活动和中原各地的马球发展有着直接的传承关系。莫高窟第156窟南壁《张议潮出行图》,是唐咸通二年(861年)张议潮率众驱走吐蕃攻克凉州后,为庆祝整个河西归大唐而绘制的。画面自西边开始,内有百余人组成的出行图,前部是仪卫,中部是节度使张议潮坐骑,后部是射骑猎队。前部仪卫队有穿圆领、窄袖、团窠锦袄子者。沈从文先生认为团花锦(团窠锦)近似打球衣,美观但不能作战。S.2049V《古诗文抄》②、P.2544《诗文集》③均载"脱绯紫,着锦衣",记录了当时人们在打马球时脱掉绯紫袍服,穿上圆领、窄袖、团花锦马球服的情景。

围棋。莫高窟第61窟西壁绘有悉达多太子弈棋图;第454窟东壁(宋代)《维摩诘经变》绘有二人席地对弈场景,主室中

---

①《英藏敦煌文献(汉文佛经以外部分)》第2卷(S.525—S.1380),成都:四川人民出版社,1990年,第278页上栏。
②《英藏敦煌文献(汉文佛经以外部分)》第3卷(S.1386—S.2081),成都:四川人民出版社,1990年,第207页。
③《法国国家图书馆藏敦煌西域文献》第15册(P.2507—P.2560),上海:上海古籍出版社,2001年,第256页上栏。

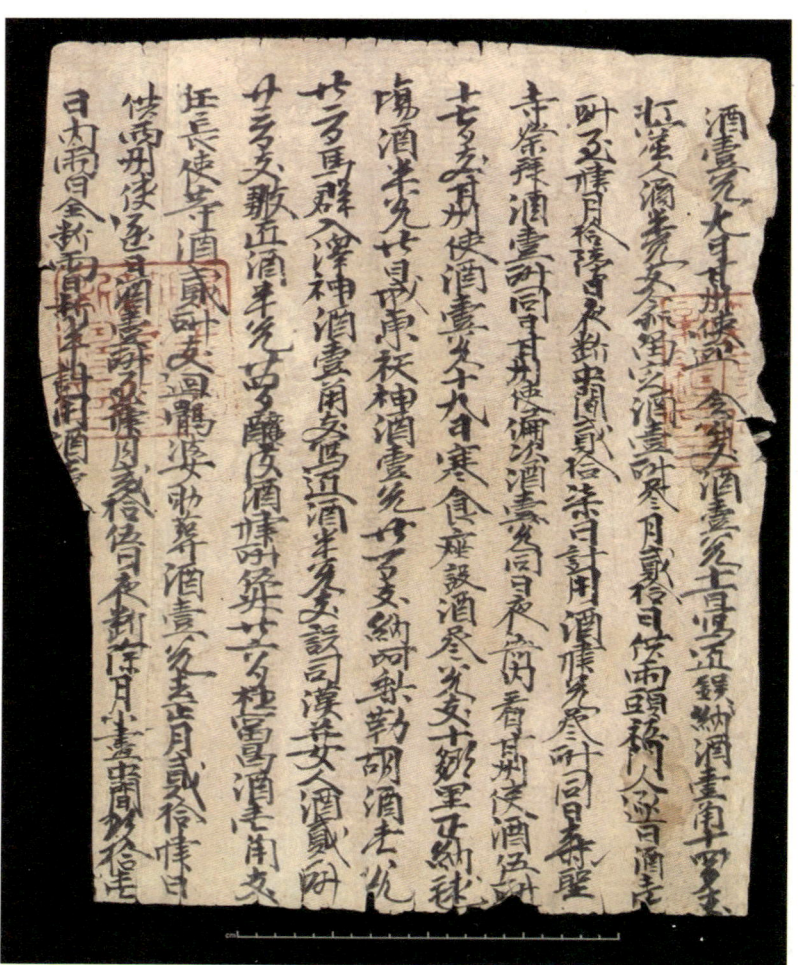

图 32　敦研 001《归义军衙府酒破历》[①]

---

①图源：数字敦煌。首缺尾残。粗白麻纸。卷长 24 厘米，高 30 厘米。天头 1 厘米，地脚残缺，无界栏，行宽 2 厘米。两个半张纸。前纸 9 行，后纸 2 行，行 25 字。说明：此卷同青山庆示捐献的 Dy.369 号、法藏 P.2629 号可以缀合，此为第一段。青山庆示捐赠的酒破历，20 世纪 40 年代董希文先生任职于国立敦煌艺术研究所时，曾是董先生的收藏品。董先生离敦开敦煌前，艺术研究所临摹了副本。后来施萍婷先生撰写《本所藏〈酒账〉研究》一文时，已将董先生藏品录文与 P.2629 号录文一并发表。印鉴：卷中有两方"归义军节度使新铸印"（其中一方只剩半边字），阳文，长方形，纵 6 厘米，横 5.7 厘米。

心佛坛上，南北两面有6扇屏风画，其中南面有1扇两人对弈图。P.2718《王梵志诗一卷》载"围棋出专能"①，说明弈棋必须具有专门的思维能力。S.5725《类书》还记载了"玉女降，帝与之围棋甚娱"②的故事。这些相关文献的记载，表明围棋作为唐宋时期敦煌社会的竞技消费项目，是较为流行和普及的。

蹴鞠活动自先秦、秦汉时期就开始风行，到魏晋南北朝时期逐渐沉寂，隋唐五代时期再度兴起，并成为了宫廷、民间的主要娱乐消费活动，当然这种消费活动也常变为赌博。《新唐书·郭知运传》载，郭知运之子郭英乂任剑南节度使时，"又教女伎乘驴击球，钿鞍宝勒及它服用，日无虑数万费，以资倡乐，未尝问民间事，为政苛暴，人以目相谓。"③中唐王建《宫词》"宿妆残粉未明天，总立昭阳花树边。寒食内人长白打，库中先散与金钱"④，就描写了寒食节宫中女性进行蹴鞠的场景。至宋，蹴鞠已成为全国上下普遍喜爱和盛行的一项娱乐消费活动。《宋史·礼志》载：

> 打球，本军中戏。太宗令有司详定其仪。三月，会鞠大明殿。有司除地，竖木东西为球门，高丈余，首刻金龙，下施石莲花座，

---

① 《法国国家图书馆藏敦煌西域文献》第17册（P.2631—P.2728），上海：上海古籍出版社，2001年，第349页上栏。

② 说明：（1）记历史人物故事，首条为后汉赵李争肥，末条为东方朔会西王母。施萍婷主撰稿，邰惠莉助编，敦煌研究院编：《敦煌遗书总目索引新编》，中华书局，2000年版，第180页。（2）《英藏敦煌文献（汉文佛经以外部分）》第9卷（S.5645—S.5964V），成都：四川人民出版社，1994年，第99页上栏。

③ 《新唐书》卷一三三《列传第五十八》，北京：中华书局，1975年，第4546页。

④ 《王建诗集》卷十《宫词》，北京：中华书局，1959年，第94页。

图33 悉达多太子弈棋图 莫高窟第61窟西壁屏风画第21扇 五代

加以采缋。左右分朋主之,以承旨二人守门,卫士二人持小红旗唱筹,御龙官锦绣衣持哥舒棒,周卫球场。殿阶下,东西建日月旗。教坊设《龟兹部》以鼓乐于两廊,鼓各五。又于东西球门旗下各设鼓五。阁门豫定分朋状取裁。亲王、近臣、节度观察防御图练使、刺史、驸马都尉、诸司使副使、供奉官、殿直悉预。其两朋官,宗室、节度以下服异色绣衣,左朋黄襕,右朋紫襕;打球供奉官左朋服紫绣,右朋服绯绣,乌皮靴,冠以花插脚折上巾。天厩院供驯习马并鞍勒。帝乘马出,教坊大合《凉州曲》,诸司使以下前导,从臣奉迎。既御殿,群臣谢,宣召以次上马,马皆结尾,分朋自两厢入,序立于西厢。帝乘马当庭西南驻。内侍发金合,出朱漆球掷殿前。通事舍人奏云:御朋打东门。帝击球,教坊作乐奏鼓。球既度,飐旗、鸣钲、止鼓。帝回马,从臣奉觞上寿,贡物以贺。赐酒,即列拜,饮毕上马。帝再击之,始命诸王大臣驰马争击。旗下擂鼓。将及门,逐厢急鼓。球度,杀鼓三通。球门两旁置绣旗二十四,而设虚架于殿东西阶下。每朋得筹,即插一旗架上以识之。帝得筹,乐少止,从官呼万岁。群臣得筹则唱好,得筹者下马称谢。凡三筹毕,乃御殿召从臣饮。又有步击者、乘驴骡击者,时令供奉者朋戏以为乐云。①

以上史料,详细阐述了当时击鞠的各种设施、服饰消费等内容。

敦煌文献中对蹴鞠和击鞠等活动有较多的记述,如P.2418《父母恩重经讲经文(诱俗第六)》载:"贪欢逐乐无时歇,打论樗蒲更不休。"P.3637《书仪一卷》②载:"《召蹴鞠书》:阴沉气凉,可以蹴鞠释闷,时哉!时哉!垂情幸降趾。……雨后微凉,纤尘不起,欲为打戏,能无从乎!苑勒咨迎,枉驾为幸。不宣。谨状。"③这些文字反映了当时敦煌地区将樗蒲与饮酒、打球结合在一起,进

---

① 《宋史》卷一二一《志第七十四·礼二十四》,北京:北京:中华书局,1977年,第2841—2842页。

② 《法国国家图书馆藏敦煌西域文献》第13册(P.2362—P.2432),上海:上海古籍出版社,2000年,第302页上栏。

③ 说明:(1)赵和平定名为"杜友晋撰《新定书仪镜》"。 施萍婷主撰稿,邰惠莉助编,敦煌研究院编:《敦煌遗书总目索引新编》,中华书局,2000年版,第290页。(2)《法国国家图书馆藏敦煌西域文献》第26册(P.3581—P.3701),上海:上海古籍出版社,2002年,第181页上栏。

行博戏的消费特色。

二、游戏消费

游戏是人们日常生活和节日中十分常见的娱乐活动。消费通常是相对于生产而言的,从这个意义上说,只有作为生产者的娱乐游戏才具有更为典型的消费性质。[①]

投壶是由射礼演变而来的。这种活动多半是贵族士大夫们饮宴中进行的游戏。莫高窟第9窟(晚唐)中心柱南平顶"密迹金刚"中绘有投壶的场景。第61窟(五代)西壁《佛传故事》屏风画第21扇投壶画面表现出悉达多太子与四释子围绕一台,台右上角有一壶,正进行着比赛。P.3866《涉道诗》[②]中描述了投壶是修道之人优雅的游戏。

踏青是唐代盛行的一项活动。《开元天宝遗事·游盖飘青云》记:"长安春时,盛于游赏,园林树木无闲地。"[③]《旧唐书·代宗纪》云:"(大历二年)二月壬午,幸昆明池踏青。"[④] 踏青也是敦煌民

[①] 国世平、袁铁坚、杜平:《中国人的消费风俗》,中国社会科学出版社,1991年版,第208页。
[②] 《法国国家图书馆藏敦煌西域文献》第29册(P.3861—P.3916),上海:上海古籍出版社,2003年,第32页。
[③] 〔五代〕王仁裕等撰,丁如明等校注:《开元天宝遗事(外七种)》,上海:上海古籍出版社,2012年,第22页。
[④] 《旧唐书》卷十一《本纪第十一·代宗》,北京:中华书局,1975年,第286页。

图 34 投壶 莫高窟第 9 窟主室中心柱南平顶 晚唐

间的传统消费风俗之一,敦煌遗书 S.5636《新集书仪》①之《寒食相迎屈上坟书》有记载。P.3691《新集书仪一卷勘讫(尾题)》②《孔

---

① 说明:(1)小册子。第一篇为《边城职事遇疾乞替状》,较为少见。施萍婷主撰稿,邰惠莉助编,敦煌研究院编《敦煌遗书总目索引新编》,北京:中华书局,2000 年,第 175 页。(2)《英藏敦煌文献(汉文佛经以外部分)》第 8 卷(S.5551—S.5644),成都:四川人民出版社,1992 年,第 196 页下栏。

② 说明:(1)题记:天福五年庚子岁二月十六日学士郎吴儒贤诗记写耳续诵记。极残破。施萍婷主撰稿,邰惠莉助编,敦煌研究院编:《敦煌遗书总目索引新编》,北京:中华书局,2000 年,第 293 页。(2)《法国国家图书馆藏敦煌西域文献》第 26 册(P.3581—P.3701),上海:上海古籍出版社,2002 年,第 318—323 页。

子项讬相问书》①《韩朋赋》②都记载了当时敦煌民间的旅游观念、清明扫墓、三月节等详细活动。

登高是我国古代的一项民间健身强体活动。春秋战国时的"悲哉，秋之为气也！萧瑟兮草木摇落而变衰，憭栗兮若在远行，登山临水兮送将归，沉寥兮天高而气清，寂寥兮收潦而水清"（《楚辞·九辩》）中，就已经提到了秋天登高。汉《西京杂记》曰汉武帝宫人贾佩兰"九月九日，佩茱萸，食蓬饵，饮菊花酒，云令人长寿"③，这是重阳节佩茱萸习俗的记录。重阳登高活动盛行于东汉年间，并传承至今。敦煌民间盛行"端午登高"的特殊风俗。S.5636《新集书仪》载《端午相迎书》云："达（幸）逢嘉节，端午良晨（辰）。有慰同寮，何以申（伸）展，空备团粽，辄敢谘邀,状至幸垂过访。谨状。"④这生动记录了彼时端午节食用粽糕的习俗。

---

① 说明：据张鸿勋先生研究，《孔子项讬相问书》有13个抄本，即S.395《孔子项讬一卷》、S.1392《孔子项讬相问书一卷》、S.2941《孔子项讬相问书一卷》、S.5529《孔子项讬一卷》、S.5530《孔子项讬相阳一卷》、S.5674《孔子共项讬相问书一卷》、P.3255《孔子项讬相问书》、P.3754《孔子项讬相问书》、P.3826《孔子共项讬相问书一卷标题》、P.3833《孔子项讬相问书》、P.3882《孔子项讬相问书》、P.3883《孔子项讬相问书一卷》、李（木斋）藏本（见《李（木斋）氏鉴藏敦煌写本目录》）。

② 说明：包括：P.2653《韩朋赋一卷》、P.3873《韩朋赋一首》、S.10291《韩朋赋》、S.2922《韩朋赋一首》、S.3227《韩朋赋一首》、S.3904《韩朋赋》、S.4901《韩朋赋》。

③ 《太平御览》卷三十二《时序部一七·九月九日》，北京：中华书局，1960年，第153页。

④ 《英藏敦煌文献（汉文佛经以外部分）》第8卷（S.5551—S.5664），成都：四川人民出版社，1992年，第195页上栏。

图 35　春山踏青　莫高窟第 217 窟主室南壁　初、盛唐之交 ①

《敦煌石室碎金》一书收录了伦敦大英图书馆藏 S.5448《敦煌录残卷》，其中提到敦煌民间"端午登高"的风俗。现依《英藏敦煌文献（汉文佛经以外部分）》录文如下：

　　鸣砂（沙）山，去州十里，其山东西八十里，南北四十里，高处五百尺，悉纯沙②聚起。此③山神异，峰如削成，其间有井，沙不④能蔽，盛夏自鸣，人马践之，声振数十里。风俗：端午日，

---

① 图源：数字敦煌。春山踏青：佛经原意是疲惫的旅人在佛的引导下看见城池，而画面上描绘的却是一位贵妇在胡人的指引下，漫步在郊外，绿色的原野及花草树木渲染出风光宜人的春天气息，恰似一幅游春图。
②《敦煌石室碎金·敦煌录残卷》录文作"沂"。
③《敦煌石室碎金·敦煌录残卷》录文作"起"。
④《敦煌石室碎金·敦煌录残卷》录文作"石"。

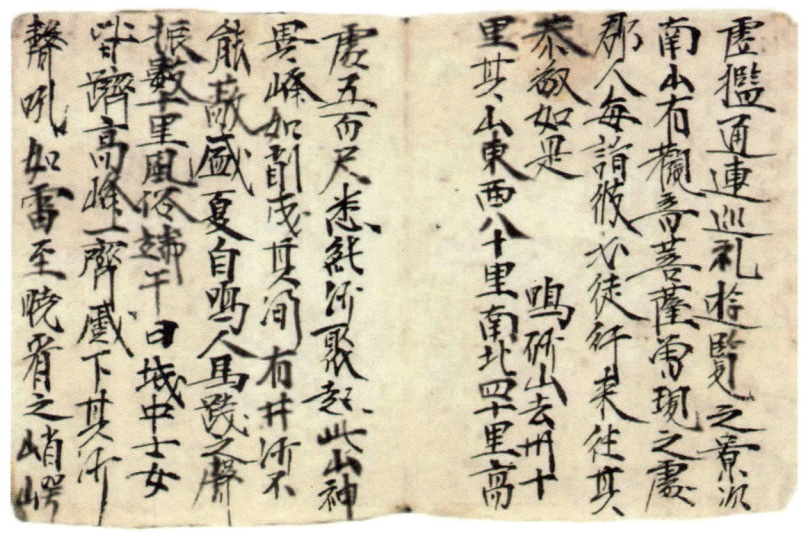

图 36　S.5448《敦煌录一卷》①

城中士女皆跻高峰,一齐麂下,其沙②声吼如雷,至晓看之,峭崿如旧,古号鸣沙,神沙③而祠焉。④

上述记载说明,唐宋时期滑沙已成为敦煌社会端午节的一项传统游戏消费项目。明清以后,滑沙不只限于端午节,春游时也渐有此习俗。

---

① 图源:《英藏敦煌文献(汉文佛经以外部分)》第 7 册彩页。
② 《敦煌石室碎金·敦煌录残卷》录文作"河"。
③ 《敦煌石室碎金·敦煌录残卷》录文无"神沙"。
④ 《英藏敦煌文献(汉文佛经以外部分)》定名为"敦煌录一卷　唐故河西归义军节度押衙兼右二将头浑子盈邈真赞并序"。《英藏敦煌文献(汉文佛经以外部分)》第 7 卷(S.4909—S.5549),成都:四川人民出版社,1992 年,第 93 页。

博弈是古代人们娱乐消费生活的重要组成部分，是当时在社会各群体中流行较为广泛的游戏消费活动。博弈参与了人类日常生活、生理、心理等机制的调节，孕育了人们拼搏求胜的精神思想以及审美情趣，并铸成一种具有丰富内容的文化形态。敦煌遗书中保存着有关樗蒲流行的记述。P.3266《王梵志诗》载："男年十七八，莫遣倚街衢。若不行奸盗，相构即樗蒲。""饮酒妨生计，樗蒲必破家。但看此等色，不久作穷荼（一作查）。"① P.2418《父母恩重经讲经文》载："贪欢逐乐无时歇，打论樗蒲更不休。"②又云："伴恶人，为恶迹，饮酒樗蒲难劝激。"③

S.525《搜神记一卷（首题）》载：

卿昨日刈麦地南头大桑树下，有三人樗蒲博戏，卿今将酒脯前头，自取食之，若即问卿时，但向拜之，慎勿言，其中有一人救卿。吾心在卿耳。颜子用管辂之言，即将酒脯往桑树下，有三人樗蒲博戏，前后甚有骑从。颜子遂酌酒与之，

---

① 《法国国家图书馆藏敦煌西域文献》第22册（P.3137—P.3276），上海：上海古籍出版社，2002年，第327页下栏。

② 《法国国家图书馆藏敦煌西域文献》第13册（P.2363—P.2432），上海：上海古籍出版社，2000年，第302页上栏。

③ 《法国国家图书馆藏敦煌西域文献》第13册（P.2363—P.2432），上海：上海古籍出版社，2000年，第312页上栏。

其人把酒即饮，博戏向毕。①

以上写本不仅反映了樗蒲博戏在敦煌的流行，而且还为我们展现了樗蒲与饮酒结合，边饮边博等特色，以及敦煌的樗蒲消费已由"博"向"赌"转化。

藏钩又称"双陆"，是古代的一种博戏，源于汉，盛于隋唐。P.3883《孔子项讬相问书一卷（尾题）》载：

夫子曰：吾车中有双陆局，共汝博戏如何？小儿答曰："吾不博戏也。天子好博，风雨无期；诸侯好博，国事不治；吏人好博，文案稽迟；农人好博，耕种失时；学生好博，忘读诗书；小儿好博，笞挞及之。此是无益之事，何用学之！"②

北敦06412《父母恩重俗文》载："几度亲情命看花，数遍藏钩夜欢笑。"③S.6171《宫词》中载：

---

① 说明：（1）有管辂、刘安、辛道度、刘宁、赵子元、王子珍、梁元皓、段子京等条。施萍婷主撰稿，邰惠莉助编，敦煌研究院编：《敦煌遗书总目索引新编》，北京：中华书局，2000年，第18页。（2）《英藏敦煌文献（汉文佛经以外部分）》第2卷（S.525—S.1380），成都：四川人民出版社，1990年，第1页上栏。

②《法国国家图书馆藏敦煌西域文献》第29册（P.3861—P.3916），上海：上海古籍出版社，2003年，第84页上栏。

③《敦煌宝藏》第111册（北8603—北8738），台北：新文丰出版公司，1981年，第146页下栏。

图 37　勾栏百戏　莫高窟第 61 窟主室南壁　五代①

"欲得藏钩语少多,嫔妃宫女任相和。每朋一百人为定,遣赌三千匹练(彩)罗。两朋高语任争筹,夜半君王与打钩。恐欲天明催促漏,嬴(赢)朋先起舞缠头。"②

---

①图源:数字敦煌。用条幔围成的勾栏内,两名童子正在表演百戏"上杆";勾栏外的表演者执各种乐器给予伴奏助兴。

②《英藏敦煌文献(汉文佛经以外部分)》第 10 卷(S.5966－S.6307),成都:四川人民出版社,1994 年,第 135—136 页。。

岑参《敦煌太守后庭歌》曰:

> 敦煌太守才且贤,郡中无事高枕眠。太守到来山出泉,黄砂碛里人种田。敦煌耆旧鬓皓然,愿留太守更五年。城头月出星满天,曲房置酒张锦筵。美人红妆色正鲜,侧垂高髻插金钿。醉坐藏钩红烛前,不知钩在若个边。为君手把珊瑚鞭,射得半段黄金钱,此中乐事亦已偏。①

这首诗描写的是敦煌太守宴请岑参行藏钩之戏的情景。可以看出,藏钩在唐宋时期是敦煌地区民间比较盛行的博弈消费活动。S.4474《文样·藏钩》② 又载:

> 公等投名两扇,列位分朋。看上下以探筹,睹(赌)争胜负。或长行而远眺,望绝迹以无踪,远近劳藏,或度□(貌)而难测。钩母怕情而战战,把钩者胆碎以兢兢。恐意度心,直擒断行。或因言而□(失)马,或因笑以输筹,或含笑而命钩,或缅腆而落节。连翩九胜,踯躅十强,叫动天崩,声遥海沸。

---

① 陈贻焮:《增订注释全唐诗》卷一八八《岑参 二》,北京:文化艺术出版社,2001年,第1624页。

② 计有贺雨、律、尼、庆兰若、藏钩、西方赞文、十念文、叹圹诸篇。施萍婷主撰稿,邰惠莉助编,敦煌研究院编:《敦煌遗书总目索引新编》,中华书局,北京:2000年,第139页。

定强弱于两朋,建清斋于一会。①

三、舞蹈消费

从消费的角度来考察民间的歌舞活动,其侧重点并不在于人们表演的技艺如何,而在于其表演所具有的娱乐和观赏功能,或者说作为一种精神消费活动所形成的消费风俗对于人们闲暇时间的支配和影响。②

唐代的乐舞是中原乐舞和西域乐舞相融汇之后的综合性的集中表现,并设置"教坊",训练各种乐舞伎人。当时各州郡及贵

图38 琵琶舞 莫高窟第112窟主室南壁 中唐③

---

① 《英藏敦煌文献(汉文佛经以外部分)》第6卷(S.4226—S.4901),成都:四川人民出版社,1992年,第101页上栏。
② 国世平、袁铁坚、杜平:《中国人的消费风俗》,北京:中国社会科学出版社,1991年,第205页。
③ 图源:数字敦煌。

图39　胡旋舞　莫高窟第220窟主室南壁　初唐①

族豪门均有伎乐。"声音人"的总数可达几万人,舞蹈也出现了"健舞"和"软舞"之分:姿势柔软、婀娜的称为软舞;姿势朴实、刚健的称为健舞,例如踏球舞、胡旋舞、剑器舞等等。宋代舞蹈继承了唐代传统的发展脉络,尤其是宫廷"队舞"和歌舞大曲多承袭唐代。但宋代的舞蹈已含有表演及叙述人物故事的成分,出现"舞旋""舞蕃乐""花鼓""舞剑""舞砍刀""舞判""扑旗子"等等。其中有纯舞蹈表演,如"舞旋""花鼓"等;还有舞蹈化的武术,如"舞剑""舞砍刀""扑旗子"等。

有关西凉乐舞的物化形象,可以从敦煌壁画和莫高窟藏经洞出土的数万卷经史、道藏、释典、变文、曲子等文献中得以了解和印证。例如:莫高窟第445窟(盛唐)北壁《弥勒下生经变》

---

① 图源:数字敦煌。二舞伎作"吸腿姿"立于小圆毯上,双手一上一下对称挥巾作舞。二舞伎舞姿完全相同,只是左右各异,这是双人舞常用的编排手法。

下部西侧，根据经文"女子五百岁出嫁"绘制出的婚嫁图就展现了北方的婚礼舞蹈场面。莫高窟第 201 窟（中唐）绘有女子手持彩带，在方毯上表演舞蹈的场面。莫高窟第 103 窟（盛唐）东壁《维摩诘经变》中，绘有扬袖起舞的画面。莫高窟第 156 窟（晚唐）北壁下部《宋国夫人出行图》、南壁下层《张议潮统军出行图》均绘有集体起舞的画面。在敦煌莫高窟其他洞窟和榆林窟，以及古墓群的壁画中，还可以看到西域特色极浓的《胡旋舞》《柘枝舞》等。唐宋时期舞蹈消费的繁多种类，敦煌流行舞蹈中独具地域气息和民族色彩的特点，增加了敦煌社会舞蹈消费的可视性，扩大了敦煌社会舞蹈消费的影响力，加强了敦煌社会民族间的交流，发挥了舞蹈消费可以直接愉悦精神、间接稳定社会的独特消费功用。

第五章
宗教信仰消费：社会交换的实现

唐宋时期敦煌社会各阶层、各群体的日常消费风俗有许多都是源于各自信仰的宗教，宗教对于社会各群体的支配和影响往往是从日常生活的各个方面体现出来的。肖尧中在《都市佛寺的社会交换研究》一书中认为：在一般意义上，交换就是两方和两方以上的人在遵循各类规则的前提下相互换取为他人所拥有的各种形式的所有物。据此，可以认为佛寺的"社会交换"就是一种以自身的优势资源，向社会换取为其佛寺以至佛教的生存、发展所必需的社会支持、社会信任的社会行动。① 唐宋时期敦煌社会各群体在信仰力量的推动下，以寺院等宗教场所为主，不同社会力量之间进行着联结和交换。

一、佛教信仰消费

唐宋时期敦煌人多数笃信佛教，李正宇先生在《唐宋时期的

---

① 肖尧中：《都市佛寺的社会交换研究》，成都：巴蜀书社，2009年，第36页。

敦煌佛教》一文中指出："正统佛教教人出世离俗，而唐五代时期的敦煌佛教却面向现实、正视人生、贴近人生，引导人们借助佛力保无灾障，获取今生来世福果，实现美好的人生愿望，一言以蔽之：入世合俗。这是敦煌世俗佛教最具性格、最为突出的特点。"受敦煌生态环境和社会环境的影响，与中原地区相比，生活在这里的民众更多遭受着来自天灾人祸的苦难，更加期盼通过佛教信仰获得个人幸福和敦煌地方政权的长治久安。佛教成为民众在心理上解决现实问题的工具。人们希望通过庄严而又方便易行的仪式来满足求富、求福、求子、求平安、求长寿等一切世俗的愿望。在佛教中国化、世俗化的大背景下，敦煌民众佛教信仰的实用主义的特征通过愿文得到了明证。因而，向寺院或向僧尼施舍，便成为敦煌社会各阶层、各群体的一大消费项目。施舍的名目繁多，包括为父母染患、为己身染患、为父母追福、为阖家平安等等。S.86《淳化二年（991年）四月廿八日马丑女回施疏》载：

1. 奉为亡女弟子马氏名丑女，从病至终，七日所修功德数。
2. 三月九日，病困临垂，于金光明寺殿上施麦壹硕。城西
3. 马家索家二兰若共施布壹匹。葬日临圹焚
4. 尸两处，共绿（录）独织裙壹腰，紫绫子衫子、白绢衫子
5. 共两事，绢领巾壹事，绣鞋壹两，绢手巾壹个，布手
6. 巾壹个，粟三硕，布壹匹。设供一七会，共斋僧贰伯（佰）
7. 叁拾人，施衬布叁匹，昌褐两匹，又斜褐壹段，麦粟

8. 纸帖共计拾壹硕。

9. 转妙法华经十部,

10. 观弥勒菩萨上生兜率天经八十部,

11. 金刚般若波罗蜜经两部,

12. 重四十八轻戒一卷,

13. 佛顶尊胜陀罗尼六百遍,

14. 般若波罗蜜多经一百部,慈氏真言三千遍,

15. 设供转念功德今日。

16. 右件所修,终七以后,并将奉为亡过三娘子

17. 资福,超□幽冥,速得往生兜率内院,得

18. 闻妙法,不退信心,瞻礼毫光,消除罪障,

19. 普及法界,一切含灵,同共沾于胜因,齐

20. 登福智乐果,谨疏。

淳化二年辛卯岁四月廿八日回施疏。①

根据杨际平先生的统计,在《敦煌社会经济文献真迹释录》第3辑中,收录有敦煌社会各阶层、各群体进行施舍消费的各种施入疏、施入历共计77件。② 其中点明为疾病进行施舍消费者共

---

① 参阅:(1)唐耕耦、陆宏基:《敦煌社会经济文献真迹释录》(第3辑),北京:全国图书馆文献缩微复制中心,1990年,第105页。(2)《英藏敦煌文献(汉文佛经以外部分)》第1卷(S.10—S.522),成都:四川人民出版社,1990年,第44页上栏。

② 杨际平、郭锋、张和平:《五—十世纪敦煌的家庭与家族关系》,长沙:岳麓书社,1997年,第98—99页。

图 40　佛教徒的信仰活动　莫高窟第 217 窟主室南壁　初、盛唐之交①

计 19 例，包括"为母染患"而进行施舍消费者 4 例，"为父染患"而进行施舍消费者 1 例，"为己身染患"而进行施舍消费者 14 例。为亲属追福者 11 例，包括为亡母 5 例，为亡父 2 例，为亡父母 1 例，为亡兄、亡弟、亡男各 1 例。为报平安的 18 例，其中 2 例为己身"破

---

① 图源：数字敦煌。佛教徒的信仰活动：诵经祛病。此图为《佛顶尊胜陀罗尼经变》其中内容，意为诵读此经即可消除病患。

斋破戒"等行为而忏念；1例为"己身临难此月，愿保平安"而施舍；1例为"父母自破落已（以）来，小别生离，不知在何方所"而施舍：帽子一顶、七综布衫一段、铁绔腰带一挺、刀子一把、靴一两、靴带一双、苏一升"；1例为"弟南行，未蒙音信，愿保平安，早得相见"而施舍"腰带一条"；1例为"二男落贼，深愿平安，早得相见"而施舍"□□□廿入修造"；1例为"长男南行，往于蕃国，报愿通达平安，次为小男一女东，无诸灾障，报愿平善，道路开通，早愿相见"而施舍"胡羊三口"。其余各例皆笼统称"愿报合（阖）家平安""愿报平安"。

二、道教信仰消费

敦煌地区的道教及其文化，既是敦煌文化中中原传统文化的重要组成部分，又是敦煌文化中宗教文化的重要组成部分。唐宋时期敦煌社会的道教文化，虽然经历了唐前期的兴盛、吐蕃占领时期的被压制以及归义军时期的继续发展三个不同的历史阶段，但是道教文化始终渗透到敦煌社会的各阶层和各群体中，并以画符念咒、"召神驱妖"、"祈福禳灾"等不同形式，影响着人们日常生活道教消费的诸多方面。察看风水、卜地而葬、择吉而居，都被众多百姓视为至关重要的大事。因为风水被认为能够决定毗邻一切事物的凶吉祸福，不论生者或死者均要受其影响。正因如此，敦煌民众在营建新房或安葬死者的时候，必定花钱请人看风水，用以祈求避免大祸。所以，敦煌地区宅舍建好以后，都会请人诵念《镇宅文》，以求镇压一切妖魔鬼怪，保佑宅舍安宁。

S.2717V《镇宅文》载：

> 魑魅妖精，潜藏地穴。疫毒休行，吉祥咸集……宅纳吉祥，风送宝雨。林□天眼，仓盈金玉。库积琼珠，宅富人兴，永安千载。①

主人建好新宅，还要在房屋各处贴上各种镇宅的符咒。经高国藩先生的研究统计，镇宅符咒种类共计有18种，分别为镇四角符、安门上符、床符、室内符、桃木板符、床角符、门檐上符、门头符、脚符、床上符、吞符、物符、地穴符、垫符、神树符、树神符、衣领符等。S.4400《太平兴国九年（984年）二月廿一日归义军节度使敦煌王曹延恭镇宅文》②录文如下：

> 谨请中央黄帝，怪公怪母，怪子怪孙，□□□□，风伯雨师，五道神君，七十九怪，一切诸神，并愿来降此座主人□□□□。惟大宋太平兴国九年岁次甲申二月壬午朔廿一日壬寅，敕归义军节度使特进检校太师兼中书令敦煌王曹，谨于百尺池畔，有地孔穴自生，时常水入无停，经旬亦不断绝，

---

① 《英藏敦煌文献（汉文佛经以外部分）》第4卷（S.2092—S.3046），成都：四川人民出版社，1991年，第209页。
② 此件黄永武定名为"归义军节度使特进检校太师兼中书令敦煌王曹延恭祭神镇宅文"，今依荣新江之考证定名。施萍婷主撰稿，邰惠莉助编，敦煌研究院编：《敦煌遗书总目索引新编》，北京：中华书局，2000年，第136页。

遂使心中惊愕，意内惶忙，不知是上天降祸，不知是土地变出。伏睹如斯灾现，而事难晓于吉凶，怪异多般，只恐暗来而搅扰，遣问阴阳师卜，检看百怪书图，或言宅中病患，或言家内死亡，或言口舌相连，或言官府事起，无处避逃，解其殃祟。谨择良月吉日，依法广备书符、清酒杂果、干鱼鹿肉、钱财□饭，是事皆新，致祭于五方五帝，土地阴公，山川百灵，一切诸神，已毕。伏愿东方之怪还其东方，南方之怪还其南方，西方之怪还其西方，北方之怪还其北方，中央之怪还其中央，天上之怪还其天梁，地下之怪还其地深藏。怪随符灭，入地无妨。更望府主之遐受（寿），永无灾祥，宫人安乐，势力康强，社稷兴盛，万代吉昌。或有异心，恶意自受，其殃妖精邪魅，勿令伤害，兼及城人喜庆，内外恒康，病疾远离，福来本乡。更有邪魔之恶寇，密投钦伏之尚方。今将单礼献奉神王，□灾成福，特请降尝，伏维尚食（飨）。①

这是当年镇宅消费风俗和消费方式的真实记录。

---

① 《英藏敦煌文献（汉文佛经以外部分）》第 6 卷（S.4226 — S.4901），成都：四川人民出版社，1992 年，第 56 页。

结束语

一、唐宋时期敦煌地区消费的特点

唐宋时期敦煌地区消费生活的内容极为丰富,涉及敦煌社会群体的各个方面。从衣食住行的基本生活消费到人生仪礼消费、岁时娱乐消费,再到宗教信仰消费和民间结社消费,就是一个从个体消费寻求群体认同、再到社会文化认同的形成过程。其消费主体结构,根据收入来源相异大致可分为三类群体,即世家豪族群体(特权阶层),僧尼群体(特殊阶层)和普通民众群体(普通阶层)。不同群体处在社会不同阶层,生活消费既具有明显的层次差异特征,又具有相对稳定的社会关系。各群体消费生活的内涵与形式,随历史阶段的演进而有所变化。

唐宋时期,敦煌是以农业为主的地区,消费是整个社会经济系统中的重要一环,与其他系统环节相互作用、相互影响、相互联结。消费方式方面,不同群体经济支出方式不尽相同。消费类型方面,既有自我供给,也有物物交换。除此之外,唐宋时期敦煌社会的世家豪族群体（特权阶层）、僧尼群体（特殊阶层）还有一种独具消费群体特色的消费类型，即统治政权行政分配以及社会捐赠供养等途径所获得的消费资料，既非自我提供，也非物物交换而来，且数量比较大，是第三种消费类型。唐宋时期敦煌社会的世家豪族群体（特权阶层）、僧尼群体（特殊阶层）具有数量较多的经国家行政分配所得的土地资产、经济收入等，其中一部分用于衣食住行等生活支出消费，其余部分主要用于游戏娱乐、宗教信仰、等方面的消费支出。处于这一历史时期敦煌社会底层的普通民众群体（普通阶层），因占有生产资料较少或者没有，经济收入低薄，与市场联系虽有，但继承遗产也是其消费来源之一，消费类型仍以自给性为主，且消费支出主要用于家庭生活，亦有部分用于结社活动、宗教供养等。

唐宋时期敦煌社会消费的发展演变，可分为唐中央政府直接统治时期、吐蕃占领时期、归义军统治时期三个历史阶段。唐中央政府直接统治时期崇尚节俭，平民百姓的家庭消费以节俭为主，奢靡比较少见。吐蕃占领时期，由于吐蕃统治者实施的民族压迫政策，敦煌社会的经济、文化曾一度出现倒退的局面。铜、金、银等金属货币从流通领域中退出，敦煌的市场回到了以物易物的阶段，麦、粟、布成为敦煌市场上的一般等价物，严重阻碍了敦煌地区的商业发展。敦煌民众在农事不济、税赋繁重、寺院压榨和一些突发性的临时负担的压力下，生活举步维艰，借贷、受雇、抵押成了敦煌百姓的家常便饭。基本生活消费成为敦煌社会底层百姓的主要消费。至归义军政权时期，平民百姓家庭在衣食住行等生存消费上,仍以节俭为主,但在婚嫁、丧葬两类特殊消费上却开始逐渐崇尚奢靡,这与中原盛行厚葬之风不无关系。值得一提的是,因私学教育的发达而引起私学教育消费层面的不断扩大,增加了处于社会底层的百姓能够接受教育的机会。从某种程度来讲,也丰富了归义军统治时期教育消费的内容。这一时期,还有一个值得注意的消费现象,即处于社会最底层的普通民众群体在宗教信仰消费、婚丧嫁娶消费方面有疑似奢靡消费的意识倾向。其实,无论是宗教信仰消费还是婚丧嫁娶消费,都不是普通百姓自觉引发的,而是受社会上层群体的消费意识影响所引起的。所谓"上行下效",是消费行为中"模仿消费心理"的具体而直接的外化表现。加之对宗教信仰所赋予的现实意义,以及婚丧嫁娶自身的特殊意义,使得这两类消费分别具有功利现实性和唯一特殊性。这也是敦煌社会中的几乎所有群体,在宗教信仰消费和婚丧嫁娶消费方面可能会产生类似于奢靡消费趋势的主要原因。之所以说"可能",是因为虽然平民百姓的消费出现了一些奢靡倾向,但大多数平民百姓还是处于衣食不足的低消费状态,不能简单妄断这一时期的整体社会消费生活是奢靡性质。

唐宋时期社会经济结构中商品和市场因素不断生长,这一历史时期的敦煌社会亦是如此。其间虽经历吐蕃占领时期的经济倒退,但唐中央政府直接统治时期经济的发展,以及归义军统治时期的恢复延续发展,农业、手工业生产工具的改进,都大大提高了物质资料的生产能力,促进了消费力的发展,为各群体消费生活的改善、消费水平的提高奠定了基础。唐宋时期的敦煌是一个国际性城市，国际贸易、贩运贸易的发展，加速了经济的流通，提高了当地百姓的经济收入，增加了向其他地区市场的商品供应量。多层级商品市场的蓬勃发展，也为消费品买卖提供了便利，从而为不同阶层、不同群体消费水平的提高创造了条件。所以，唐宋时期敦煌社会中商品经济的发展和消费水平的提高是成正比的。消费制约或受制于其他经济因素，与生产、交换、流通之间形成一种互动关系。正因如此，消费需求成为维护唐宋敦煌社会商品经济发展的主要动力之一。

从唐至宋初，敦煌社会400余年，历经安史之乱、吐蕃占领时期的两次低谷，唐中央政府直接统治时期、归义军统治时期的两次高峰。虽处于上升或高峰期时间延续性较长，处于下降或低谷期较短，但总体来看，其社会发展还是比较缓慢。敦煌社会是以农为主的社会，农业是消费的前提和基础，农业的发展和消费水平同样是成正比的关系。初唐至宋初，敦煌社会的农业发展处于波动状态。如吐蕃占领时期，统治者虽采取了各种措施稳定社会秩序，改善民族关系，发展当地经济，力图长期占领这一地区，但事与愿违，吐蕃统治时期的敦煌，原有的经济发展速度有所减缓，与汉唐相比，可以说是进入了一个倒退期。加之这一时期的繁苛赋税，敦煌社会农业经济的发展相对进入了一个停滞期，社会各群体，特别是普通民众群体（普通阶层）的消费水平总是在原有基础上反复波动，甚至下滑。

唐宋时期的敦煌社会，是等级森严的封建社会，从而形成一种差异较大的等级消费格局。而其中起决定性作用的，是在群体消费结构中所处的社会阶层。这一时期，敦煌社会中消费水平最高、消费能力最强者是世家豪族群体和僧尼群体，消费能力最弱者是普通民众群体，无论是消费方式，还是消费内容，均具有明显的层次差异性。这主要是由其社会地位所决定的。在高度集权、等级森严的社会中，真正对消费起决定性作用的还是阶级社会中的社会地位。而所占人口比例最多、处于社会底层的普通民众群体是不可能成为等级社会中的消费主体的。

二、对唐宋时期敦煌社会消费研究的再思考

"经济分成两大领域：生产和消费。"[1]消费是社会再生产的一个环节，由于消费维持劳动者的生产能力，并可能提高这种能力，因而是生产所必需的。生产决定消费，为消费提供对象，确定消费的方式，满足人们的消费需要；反过来，消费又刺激生产，为生产提供可能性，促进生产的发展。现代人常将消费视为有别于生产的相对物，然而就"消费"一词下准确定义的话，因为牵涉甚广，往往无法一言以蔽之。消费通常接近于"购买""使用"与"服务"。消费的内容多种多样，可以是物质的，如服装、饮食等；也可以是精神的，如文化与宗教等。其主体是广大人民群众，消费可以分为维生的基本需要以及可以用于享受的其他精神花费。

---

[1]〔法〕费尔南·布罗代尔著，顾良译，施康强校：《15—18世纪的物质文明、经济和资本主义——形形色色的交换》，北京：生活·读书·新知三联书店，2002年，第1页。

20世纪以来，社会生活的现代性特征之一就是大众消费的兴起与发展。正因为消费在当代社会经济与文化生活中日益重要，故而近40年来，对消费文化的研究逐渐从学术研究的边缘进入到核心，受到历史学以及其他学科的重点关注，"消费文化"也日趋成为历史学科中重要的学术名词。

"消费文化"和"消费"，不同学科有着许多不同的面向与定义。经济学观点认为，消费即是因为人的欲望，为满足人的需要而产生的购买行为。文化人类学观点下的消费文化认为，人的欲望受到社会文化的影响，物品的消费本身就是一种人际关系、一种社会义务。社会学者认为，消费文化的研究与社会阶级或社会群体以及身份地位等等因素息息相关。由此可知，消费文化的研究是一门非常复杂的研究领域，牵涉的因素与面向范围比较广。

就历史学科而言，消费文化的研究绝非是20世纪以来社会经济生活的产物，而应该从更加长远的历史发展脉络中去寻找源头，西方历史学界关于消费文化的研究已经成为一个重要的研究领域。同样，敦煌学界对唐宋时期区域社会各群体消费生活的研究也正在兴起。

消费研究长期以来被学界所忽略。有关唐宋时期敦煌地区生产、经济、文化等方面的研究成果多，消费方面的研究成果少。现在逐渐开始注意到消费的问题，与其说是从经济史的角度上来观察，倒不如说是从社会史的角度来看风气的变迁与风俗的变化。我国历史学界关于消费文化的研究，大约是在20世纪70年代末至80年代初逐渐壮大起来的，尤其是集中在中国近代早期的研究。

需要指出的是，过去政治史、经济史、文化史以及社会史的研究都将消费行为边缘化。政治史一直是史学研究的主流，许多历史学者都将政治与宗教视为文化史的研究核心。于是，对于了解社会进程中的消费成为边缘意义上的副产品，而不受重视。但随着中国改革开放的推进，也因为消费经济的抬头，历史学界也积极推动对消费文化的研究。消费文化的研究不仅在历史学界引起激荡，在社会科学界尤其是社会学方面也逐渐抬头。过去马克思主义研究学者对生产方面研究着墨甚多，现在历史学与社会学界开始注意到消费对社会文化变迁以及对当今社会的影响。历史学对消费的研究主要关注于商品或服务的消费行为对使用者个人或群体的意义，以及探讨消费如何受到社会结构的影响。而敦煌学界对消费文化的研究，也与敦煌文献的再挖掘与再利用密不可分。

综上所述，历史学中对消费文化的研究是一个异常复杂的研究领域，牵涉的因素与范围很广，所以非常需要借助跨学科的研究方法与途径。我们必须尝试借助许多社会学的理论与概念来重新观察唐宋时期敦煌地区不同社会群体的消费。比如社会学有关物质文化的研究以及诸多的消费理论方法，都有助于历史学的研究与解释。在探讨唐宋时期敦煌地区某些重要的消费行为时，一定要关注到其背后所具有的某种社会意义。因为某些消费行为可以有效地区分社会群体，体现当时执政者的统治意图。再如，分析唐宋时期敦煌地区社会结构与消费文化的关系时，社会学的理论对历史学也有助益。在研究世家豪族特权群体的消费生活时，社会学的理论提供了许多解释的可能。例如有些看似毫无实际用处却所费不赀的消费行为，亦即所谓的"炫耀式消费"，其所具备的功能不只是生理上的享受而已，更为重要的是阻止不同社会群体的流动，把它视为世家豪族群体（特权阶层）特殊消费的制度化和特殊化。世家豪族群体（特权阶层）特殊的消费活动，比如大型家窟家庙之营建、费资颇多之宴饮消费等，都可以由此角度视之。再如，流行时尚的消费亦难脱离社会阶层的背景。因为时尚本身既是阶层的产物，也是社会需要的产物。唐宋时期敦煌世家豪族群体（特权阶层）创造出的消费时尚，就会逐渐为下普通民众群体（普通阶层）所仿效，进一步影响到历史时期敦煌的社会结构和社会秩序。

参考文献

说明：

1. 作者署名及作者所处时代均依原书所著，出版日期为笔者所见版本的印刷时间。

2. 文献排序

①古籍文献按时代排列，同朝代者按姓氏拼音排列；

②敦煌吐鲁番文献按作者姓氏或著书单位首字拼音排序；

③今著及论文集按作者姓名首字拼音排序；

④论文按刊物或文集首字拼音排序；

⑤学位论文按作者工作单位首字拼音排序。

一、古籍

[1]〔南朝·梁〕沈约:《宋书》，中华书局，2003年版。

[2]〔南朝·梁〕萧子显:《南齐书》，中华书局，1972年版。

[3]〔北齐〕魏收:《魏书》，中华书局，1974年版。

[4]〔唐〕杜佑:《通典》，中华书局，1984年版。

[5]〔唐〕房玄龄:《晋书》,中华书局,1987年版。

[6]〔唐〕李百药:《北齐书》,中华书局,1972年版。

[7]〔唐〕李林甫撰,陈仲夫校:《唐六典》,中华书局,1992年版。

[8]〔唐〕李延寿:《南史》,中华书局,1975年版。

[9]〔唐〕李延寿:《北史》,中华书局,1975年版。

[10]〔唐〕令狐德棻:《周书》,中华书局,1983年版。

[11]〔唐〕魏徵:《隋书》,中华书局,1982年版。

[12]〔唐〕姚思廉:《梁书》,中华书局,1983年版。

[13]〔唐〕姚思廉:《陈书》,中华书局,1982年版。

[14]〔唐〕元稹:《元稹集》,中华书局,1982年版。

[15]〔唐〕长孙无忌:《唐律疏议》,中华书局,1983年版。

[16]〔后晋〕刘昫:《旧唐书》,中华书局,1975年版。

[17]〔宋〕欧阳修:《新唐书》,中华书局,1975年版。

[18]〔宋〕欧阳修:《新五代史》,中华书局,1986年版。

[19]〔宋〕李昉:《太平广记》,中华书局,1961年版。

[20]〔宋〕李昉:《文苑英华》,中华书局,1966年版。

[21]〔宋〕司马光:《资治通鉴》,中华书局,1982年版。

[22]〔宋〕宋敏求:《唐大诏令集》,中华书局,2008年版。

[23]〔宋〕王溥:《唐会要》,中华书局,1955年版。

[24]〔宋〕王溥:《五代会要》,上海古籍出版社,1978年版。

[25]〔宋〕王钦若:《册府元龟》,中华书局,1960年版。

[26]〔宋〕薛居正:《旧五代史》,中华书局,1986年版。

[27]〔元〕马端临:《文献通考》,中华书局,1999年版。

[28]〔元〕脱脱:《宋史》,中华书局,1977年版。

[29]〔清〕董浩:《全唐文》,上海古籍出版社,1990年版。

[30]〔清〕吴任臣:《十国春秋》,中华书局,1983年版。

二、敦煌吐鲁番文献

(一)敦煌文献

[1] 北京大学图书馆、上海古籍出版社:《北京大学图书馆藏敦煌文献(1—2)》,上海古籍出版社,2002年版。

[2] 黄永武:《敦煌宝藏(1—140)》,新文丰出版公司,1982—1986年版。

[3] 黄永武:《敦煌丛刊初集(1—16)》,新文丰出版公司,1985年版。

[4] 俄罗斯科学院东方研究所圣彼得堡分所、俄罗斯科学出版社东方文学部、上海古籍出版社:《俄藏敦煌文献(1—17)》,上海古籍出版社,1992—2001年版。

[5] 史金波、魏同贤〔俄〕E.N.克恰诺夫主编,李伟国卷主编,俄罗斯科学院东方研究所圣彼得堡分所、中国社会科学院民族研究所、上海古籍出版社编:《俄罗斯科学院东方研究所圣彼得堡分所藏黑水城文献汉文部分(1—3)》,上海古籍出版社,1996年版。

[6] 俄罗斯科学院东方研究所圣彼得堡分所、中国社会科学院民族研究所、上海古籍出版社编:《俄罗斯科学院东方研究所圣彼得堡分所藏黑水城文献汉文部分(4)》,上海古籍出版社,

1997年版。

[7] 俄罗斯科学院东方研究所圣彼得堡分所、中国社会科学院民族研究所、上海古籍出版社编:《俄罗斯科学院东方研究所圣彼得堡分所藏黑水城文献汉文部分（5）》，上海古籍出版社，1998年版。

[8] 俄罗斯科学院东方研究所圣彼得堡分所、中国社会科学院民族研究所、上海古籍出版社编:《俄罗斯科学院东方研究所圣彼得堡分所藏黑水城文献汉文部分（6）》，上海古籍出版社，2000年版。

[9] 甘肃藏敦煌文献编委会、甘肃人民出版社、甘肃省文物局:《甘肃藏敦煌文献（1—6）》，甘肃人民出版社，1999年版。

[10] 郝春文:《英藏敦煌社会历史文献释录（第1卷）》，社会科学文献出版社，2001年版。

[11] 郝春文:《英藏敦煌社会历史文献释录（第2—5卷）》，社会科学文献出版社，2003—2006年版。

[12] 唐耕耦、陆宏基:《敦煌社会经济文献真迹释录（第1辑）》，书目文献出版社，1986年版。

[13] 唐耕耦、陆宏基:《敦煌社会经济文献真迹释录（第2—5辑）》，全国图书馆文献缩微复制中心，1990年版。

[14] 上海古籍出版社、上海博物馆、上海博物馆藏敦煌吐鲁番文献:上海古籍出版社，1993年版。

[15] 上海古籍出版社、法国国家图书馆:《法国国家图书馆藏藏敦煌西域文献（1—34），上海古籍出版社，1995—2005年版。

[16] 上海古籍出版社、天津艺术博物馆:《天津艺术博物馆藏敦煌文献（1—6）》，上海古籍出版社，1996年版。

[17] 上海古籍出版社、天津艺术博物馆:《天津艺术博物馆藏敦煌文献（7）》，上海古籍出版社，1999年版。

[18] 上海图书馆、上海古籍出版社:《上海图书馆藏敦煌吐鲁番文献（1—4）》，上海古籍出版社，1999年版。

[19] 浙藏敦煌文献编委会:《浙藏敦煌文献》，杭州教育出版社，2000年版。

[20] 中国社会科学院历史研究所、中国敦煌吐鲁番学会敦煌古文献编辑委员会、英国国家图书馆、伦敦大学亚非学院:《英藏敦煌文献（汉文佛经以外部分）1—14》，四川人民出版社，1990年—1995年版。

[21] 中国国家图书馆:《中国国家图书馆藏敦煌遗书(1—5)》，江苏古籍出版社，1999年版。

[22] 中国国家图书馆善本部、特藏部，上海龙华寺藏外佛教文献编辑部:《中国国家图书馆藏敦煌遗书精品选》，中国国家图书馆，2000年版。

[23]〔日〕小田义久:《大谷文书集成（第1卷）》，法藏馆，1984年版。

[24]〔日〕小田义久:《大谷文书集成（第2卷）》，法藏馆，1990年版。

[25]〔日〕小田义久:《大谷文书集成（第3卷）》，法藏馆，2003年版。

（二）吐鲁番文献

[1] 陈国灿、刘永增：《日本宁乐美术馆藏吐鲁番文书》，文物出版社，1997年版。

[2] 国家文物局古文献研究室、新疆维吾尔自治区博物馆、武汉大学历史系：《吐鲁番出土文书（1—10）》，文物出版社，1981—1991年版。

[3] 中国文物研究所、新疆维吾尔自治区博物馆、武汉大学历史系编，唐长孺主编：《吐鲁番出土文书（图文本1—4）》，文物出版社，1992—1996年版。

三、专著及论文集

（一）国内学者专著

[1] 岑仲勉：《隋唐史》，高等教育出版社，1957年版。

[2] 陈寅恪：《隋唐制度渊源略论稿》，上海古籍出版社，1977年版。

[3] 蔡少卿：《再现过去：社会史的理论视野》，浙江人民出版社，1988年版。

[4] 陈明光：《唐代财政史新编》，中国财政经济出版社，1991年版。

[5] 常建华：《社会生活的历史学——中国社会史研究新探》，北京师范大学出版社，2004年版。

[6] 曹文柱、赵世瑜、李少兵：《乾坤众生》，华东师范大学出版社，2006年版。

[7] 陈江:《明代中后期的江南社会与社会生活》,上海社会科学院出版社,2006年版。

[8] 冻国栋:《唐代的商品经济和经营管理》,武汉大学出版社,1990年版。

[9] 董乃斌:《唐帝国的精神文明——民俗与文学》,中国社会科学出版社,1996年版。

[10] 戴康生、彭耀:《宗教社会学》,社会科学文献出版社,2000年版。

[11] 邓小南、高世瑜、荣新江:《唐宋女性与社会(上、下)》,上海辞书出版社,2003年版。

[12] 冯尔康:《中国社会结构的演变》,河南人民出版社,1994年版。

[13] 冯尔康:《中国社会史概论》,高等教育出版社,2004年版。

[14] 冯尔康:《生活在清朝的人们——清代社会生活图记》,中华书局,2005年版。

[15] 国世平、袁铁坚、杜平:《中国人的消费风俗》,中国社会科学出版社,1991年版。

[16] 高国藩:《中国民俗探微——敦煌巫术与巫术流变》,河海大学出版社,1993年版。

[17] 郭锋:《唐史与敦煌文献论稿》,中国社会科学出版社,2002年版。

[18] 高启安:《唐五代敦煌饮食文化研究》,民族出版社,2004年版。

[19] 葛兆光：《中国思想史（全三册）》，复旦大学出版社，2009年版。

[20] 郭兴文、李志慧：《中国民俗史：隋唐卷》，人民出版社，2008年版。

[21] 胡如雷：《隋唐五代社会经济史研究》，中国社会科学出版社，1996年版。

[22] 郝春文：《敦煌社邑文书辑校》，江苏古籍出版社，1997年版。

[23] 黄正建：《敦煌占卜文书与唐五代占卜研究》，学苑出版社，2001年版。

[24] 胡素馨：《佛教物质文化——寺院财富与世俗供养国际学术研讨会论文集》，上海书画出版社，2003年版。

[25] 侯家驹：《中国经济社会（上、下）》，新星出版社，2008年版。

[26] 姜伯勤：《敦煌社会文书导论》，新文丰出版公司，1992年版。

[27] 李斌城等：《隋唐五代社会生活史》，中国社会科学出版社，1998年版。

[28] 李重申：《敦煌古代体育文化》，甘肃人民出版社，2000年版。

[29] 李明伟：《清末民初中国城市社会阶层研究（1897—1927年）》，社会科学出版社，2005年版。

[30] 罗彤华：《唐代民间借贷之研究》，北京大学出版社，

2009年版。

[31] 李新家:《消费经济学》,中国社会科学出版社,2007年版。

[32] 刘进宝:《唐宋之际归义军经济史研究》,中国社会科学出版社,2007年版。

[33] 刘进宝等:《转型期的敦煌学》,上海古籍出版社,2007年版。

[34] 刘兴云:《唐代中州乡村社会》,甘肃人民出版社,2007年版。

[35] 雷闻:《郊庙之外:隋唐国家祭祀与宗教》,三联书店,2009年版。

[36] 刘绍云:《宗教律法与社会秩序:以道教为例的研究》,四川出版集团巴蜀书社,2009年版。

[37] 马德:《敦煌莫高窟史研究》,甘肃教育出版社,1996年版。

[38] 马德:《敦煌工匠史料》,甘肃人民出版社,1997年版。

[39] 孟宪实:《敦煌民间结社研究》,北京大学出版社,2009年版。

[40] 彭华民:《消费社会学》,南开大学出版社,1996年版。

[41] 瞿明安:《中国民族的生活方式》,中国社会科学出版社,1995年版。

[42] 青海省社会科学院藏学研究所:《藏族部落制度研究》,中国藏学出版社,2002年版。

[43] 瞿同祖:《中国法律与中国社会》,中华书局,2003年版。

[44] 瞿同祖:《中国封建社会》,上海世纪出版集团,2005年版。

[45] 沙知:《敦煌契约文书辑校》,江苏古籍出版社,1999年版。

[46] 荣新江:《中古中国与外来文明》,三联书店,2001年版。

[47] 史苇湘:《敦煌历史与莫高窟艺术研究》,甘肃教育出版社,2002年版。

[48] 荣新江:《唐代宗教信仰与社会》,上海辞书出版社,2003年版。

[49] 宋晓梅:《高昌国:公元五至七世纪丝绸之路上的一个移民小社会》,中国社会科学出版社,2003年版。

[50] 尚永琪:《3—6世纪佛教传播背景下的北方社会群体研究》,科学出版社,2008年版。

[51] 沈睿文:《唐陵的布局:空间与秩序》,北京大学出版社,2009年版。

[52] 陶希圣、鞠清远:《唐代经济史》,商务印书馆,1935年版。

[53] 谭蝉雪:《敦煌民俗:丝路明珠传风情》,甘肃教育出版社,2006年版。

[54] 武金铭:《中国隋唐五代经济史》,人民出版社,1993年版。

[55] 卫民:《中国消费经济思想史》,中共中央党校出版社,1994年版。

[56] 卫民:《中国古代消费思想研究》,中共中央党校出版社,1996年版。

[57] 王家范:《中国历史通论》,华东师范大学出版社,2000年版。

[58] 韦森:《文化与秩序》,上海人民出版社,2003年版。

[59] 王书庆、杨富学:《敦煌佛教与禅宗研究论集》,香港天马出版有限公司,2006年版。

[60] 王尧、陈践:《敦煌古藏文文献探索集》,上海古籍出版社,2008年版。

[61] 吴夏平:《唐代制度与文学研究述论稿》,齐鲁书社,2008年版。

[62] 巫达:《社会变迁与文化认同论:凉山彝族的个案研究》,学林出版社,2008年版。

[63] 王铭铭:《由此及彼 由彼及此》,民族出版社,2008年版。

[64] 巫仁恕:《品味奢华:晚明的消费社会与士大夫》,中华书局,2008年版。

[65] 伍庆:《消费社会与消费认同》,社会科学文献出版社,2009年版。

[66] 向达:《唐代长安与西域文明》,上海古籍出版社,1957年版。

[67] 谢保成:《中国隋唐五代习俗史》,人民出版社,1994年版。

[68] 许连达:《唐朝文化史》,复旦大学出版社,2004年版。

[69] 许倬云:《万古江河:中国历史文化的转折与开展》,上海文艺出版社,2006年版。

[70] 夏建中:《社会分层、白领群体及其生活方式的理论与研究》,中国人民大学出版社,2008年版。

[71] 肖尧中:《都市佛寺的社会交换研究》,四川出版集团巴蜀书社,2009年版。

[72] 谢重光:《中古佛教僧官制度和社会生活》,商务印书馆,2009年版。

[73] 杨际平、郭锋、张和平:《五—十世纪敦煌的家庭与家族关系》,岳麓书社,1997年版。

[74] 杨联升:《国史探微》,辽宁教育出版社,1998年版。

[75] 余新忠:《清代江南的瘟疫与社会:一项医疗社会史的研究》,中国人民大学出版社,2003年版。

[76] 杨念群:《昨日之我与今日之我:当代史学的反思与阐释》,北京师范大学出版社,2005年版。

[77] 杨念群、行龙:《区域社会史比较研究》,社会科学文献出版社,2006年版。

[78] 杨念群:《再造"病人":中西医冲突下的空间政治(1832—1985)》,中国人民大学出版社,2006年版。

[79] 余欣:《神道人心:唐宋之际敦煌民生宗教社会史研究》中华书局,2006年版。

[80] 杨铭:《吐蕃统治敦煌与吐蕃文书研究》,中国藏学出版社,2008年版。

[81] 于向东:《敦煌变相与变文研究》甘肃教育出版社,2009年版。

[82] 杨清媚:《最后的绅士:以费孝通为个案的人类学研究》世界图书出版公司北京公司,2009年版。

[83] 张泽咸:《唐五代赋役史草》中华书局,1986年版。

[84] 郑晓云:《文化认同论》,中国社会科学出版社,1992年版。

[85] 张泽咸:《唐代工商业》,中国社会科学出版社,1995年版。

[86] 郑炳林:《敦煌归义军史研究专题研究续编》,兰州大学出版社,2003年版。

[87] 赵世瑜:《小历史与大历史:区域社会史的理念方法与实践》,生活.读书.新知三联书店,2006年版。

[88] 赵卫华:《地位与消费——当代中国社会各阶层消费状况研究》社会科学文献出版社,2007年版。

[89] 张广达:《文本、图像与文化流传》广西师范大学出版社,2008年版。

[90] 张传玺:《契约史买地券研究》中华书局,2008年版。

[91] 赵旭东:《否定的逻辑:反思中国乡村社会研究》,民族出版社,2008年版。

[92] 张晋光:《安史之乱对唐代经济发展影响研究》,中国财政经济出版社,2008年版。

[99] 张原:《在文明与乡野之间》,民族出版社,2008年版。

[100] 张筱薏:《消费背后的隐匿力量:消费文化权力研究》,知识产权出版社,2009年版。

[101] 张雁南:《唐代消费经济研究》,齐鲁书社,2009年版。

[102] 张亚辉:《历史与神圣性:历史人类学散论集》,世界图书出版公司北京公司,2009年版。

(二)国外学者专著

德国

[1] 埃利亚斯·卡内提著,冯文光译:《群众与权力》,中央

编译出版社，2003年版。

[2] 马克斯·韦伯著，林荣远译:《经济与社会》，商务印书馆，2004年版。

法国

[1] 昂德赫著，吴志杰译:《金字塔时代的埃及》，山东画报出版社，2005年版。

[2] 埃德蒙·波尼翁著，席继权译:《公元1000年的欧洲》，山东画报出版社，2005年版。

[3] 费尔南·布罗代尔著，顾良译:《15—18世纪的物质文明、经济和资本主义》，三联书店，2002年版。

[4] 葛兰言著，赵丙祥、张宏明译:《古代中国的节庆与歌谣》，广西师范大学出版社，2005年版。

[5] 尼古拉·埃尔潘著，孙沛东译:《消费社会学》，社会科学文献出版社，2005年版。

[6] 热拉尔·努瓦利耶著，王鲲译:《社会历史学导论》，上海人民出版社，2009年版。

[7] 童丕著，余欣、陈建伟译:《敦煌的借贷：中国中古时代的物质生活与社会》，中华书局，2003年版。

[8] 谢和耐著，耿昇译:《中国社会史》，中国藏学出版社，2006年版。

[9] 雅克·勒夫隆著，王殿忠译:《凡尔赛宫的生活17—18世纪》，山东画报出版社，2005年版。

荷兰

[1] 盖叶尔·佐文著,黎鸣等译:《社会控制论》,华夏出版社,1989年版。

加拿大

[1] 卜正民著,张华译:《为权利祈祷:佛教与晚明中国士绅社会的形成》,江苏人民出版社,2008年版。

[2] 卜正民著,陈时龙译:《明代的社会与国家》,黄山书社,2009年版。

美国

[1] 彼得·布劳著,张非、张黎勤译:《社会生活中的交换与权利》,华夏出版社,1987年版。

[2] 凡勃伦著,蔡受百译:《有闲阶级论》,商务印书馆,1965年版。

[3] 韩森著,鲁西奇译:《传统中国日常生活中的协商:中古契约研究》,江苏人民出版社,2008年版。

[4] 杰克·奈特著,周伟林译:《制度与社会冲突》,上海人民出版社,2009年版。

[5] 拉铁摩尔著,唐晓峰译:《中国的亚洲内陆边疆》,江苏人民出版社,2006年版。

[6] 迈克尔·施瓦布著,汪丽华译:《生活的暗面:日常生活的社会学透视》,北京大学出版社,2008年版。

[7] 施坚雅著,史建云、徐秀丽译:《中国农村的市场和社会结构》:中国社会科学出版社,1998年版。

[8] 韦思谛著,陈仲丹译:《中国大众宗教》,江苏人民出版社,2006年版。

[9] 谢弗著,吴玉贵译:《唐代的外来文明》,中国社会科学出版社,1995年版。

[10] 伊罗生著,邓伯宸译:《群氓之族:群体认同与政治变迁》,广西师范大学出版社,2008年版。

日本

[1] 岸本美绪:《明清交替と江南社会:17世纪中国の秩序问题》,东京大学出版会,1999年版。

[2] 池田温:《讲座敦煌3:敦煌の社会》,大东出版社,1980年版。

[3] 池田温著,龚泽铣译:《中国古代籍帐研究》,中华书局,2007年版。

[4] 池田温著,张铭心、郝轶君译:《敦煌文书的世界》,中华书局,2007年版。

[5] 富永健一著,董兴华译:《社会结构与社会变迁》,云南人民出版社,1988年版。

[6] 谷川道雄著,马彪译:《中国中世社会与共同体》,中华书局,2002年版。

[7] 谷川道雄著,李济沧译:《隋唐帝国形成史论》,上海古籍出版社,2004年版。

[8] 金冈照光著:《讲座敦煌4:敦煌と中国道教》,大东出版社,1983年版。

[9] 金冈照光:《讲座敦煌9：敦煌の文学文献》，大东出版社，1990年版。

[10] 榎一雄:《讲座敦煌1：敦煌の自然と現状》，大东出版社，1980年版。

[11] 榎一雄:《讲座敦煌2：敦煌の歴史》，大东出版社，1980年版。

[12] 牧田谛亮、福井文雅:《讲座敦煌7：敦煌と中国仏教》，大东出版社，1984年版。

[13] 仁井田升:《唐令拾遗》，日本东方文化学院东京研究所，1933年版。

[14] 山口瑞凤:《讲座敦煌6：敦煌胡语文献》，大东出版社，1985年版。

[15] 宋代史研究会:《宋代人の认识——相互性と日常空间》，汲古书院，2001年版。

[16] 田中良昭:《讲座敦煌8：敦煌仏典と禅》，大东出版社，1980年版。

英国

[1] 彼得·伯克著，姚朋、周玉鹏译:《历史学与社会理论》，上海人民出版社，2001年版。

[2] 崔瑞德著，中国社会科学院历史研究所西方汉学研究课题组译:《剑桥中国隋唐史》，中国社会科学出版社，1990年版。

[3] F.W.托玛斯著，刘忠、杨铭译:《敦煌西域古藏文社会历史文献》，民族出版社，2003年版。

（三）工具书

[1] 敦煌研究院编：《敦煌莫高窟供养人题记》，文物出版社，1986年版。

[2] 施萍婷主撰稿，邰惠莉助编，敦煌研究院编：《敦煌遗书总目索引新编》，中华书局，2000年版。

[3] 黄征：《敦煌俗字典》，上海教育出版社，2005年版。

[4] 季羡林：《敦煌学大辞典》，上海辞书出版社，1998年版。

[5] 申国美、李德范：《英藏法藏敦煌遗书研究按号索引（1—3）》，国家图书馆出版社，2009年版。

四、期刊及论集文章

[1] 池田温：《吐鲁番・敦煌文书にみえる地方城市の住居》，《唐代史研究会・中国都市史上の诸问题》，株式会社刀水书房，1988年版，第168—189页。

[2] 胡同庆：《从敦煌结社活动探讨人的群体性以及个体与集体的关系》，《敦煌研究》，1990年第4期，第56页，第71—75页。

[3] 李重申、韩佐生：《敦煌佛教文化与体育》，《敦煌研究》，1992年第2期，第8—10页。

[4] 暨远志：《论唐代打马球——张议潮出行图研究之三》，《敦煌研究》，1993年第2期，第26—36页。

[5] 李正宇：《敦煌傩散论》，《敦煌研究》，1993年第2期，第111—122页。

[6] 熊铁基：《以敦煌资料证传统家庭》，《敦煌研究》，1993

年第 3 期，第 73—78 页。

[7] 谭蝉雪：《敦煌祈赛风俗》，《敦煌研究》，1993 年第 4 期，第 61—67 页。

[8] 马德：《敦煌壁画交通工具史料述论（上）》，《敦煌研究》，1995 年第 1 期，第 51—59 页。

[9] 马德：《敦煌壁画交通工具史料述论（下）》，《敦煌研究》，1995 年第 3 期，第 131—136 页。

[10] 马德：《从敦煌看佛教的社会化》，《敦煌研究》，2007 年第 4 期，第 114—124 页。

[11] 杨秀清：《浅谈唐、宋时期敦煌地区的学生生活——以学郎诗和学郎题记为中心》，《敦煌研究》，1999 年第 4 期，第 137—146 页。

[12] 陈大为：《论敦煌净土寺对归义军政权承担的世俗义务（一）》，《敦煌研究》，2006 年第 3 期，第 108—114 页。

[13] 杨秀清：《社会生活的常识、经验与规则及其思想史意义：以唐宋时期敦煌地区为中心》，《敦煌研究》，2006 年第 4 期，第 42—53 页。

[14] 杨富学、王书庆：《从生老病死看唐宋时期敦煌佛教的世俗化》，《敦煌研究》，2007 年第 4 期，第 125—136 页。

[15] 郑炳林：《晚唐五代敦煌园圃经济研究》，《敦煌归义军史专题研究》，兰州大学出版社，1997 年版，第 308—332 页。

[16] 郑炳林：《晚唐五代敦煌贸易市场的物价》，《敦煌归义军史专题研究》，兰州大学出版社，1997 年版，第 275—307 页。

[17] 贾宪保:《唐咸通时代奢侈风气述论》,《河北学刊》,1988年第5期,第67—72页。

[18] 姚伟钧:《唐代的饮食文化》,《华中师范大学学报(人文社会科学版)》,1990年3期,第112—117页。

[19] 杜艳艳:《唐宋消费价值观的变迁》,《湖北广播电视大学学报》,2006年第4期,第58—60页。

[20] 张剑光、张洁:《唐代城市消费的方式、水平和结构研究》,吉林大学社会科学学报,2006年第2期,第143—152页。

[21] 拜根兴:《饮食与唐代官场》,《人文杂志》,1994年第1期,第93—96页。

[22] 薛平拴:《唐代商品经济发展水平评估——与秦晖同志商榷》,《陕西师范大学学报(哲学社会科学版)》,1992年第2期,第59—71页。

[23] 王仲纯:《从敦煌服饰管窥唐代文化》,《社科纵横》,1994年第4期,第9—11页。

[24] 刘新成:《日常生活史与西欧中世纪日常生活》,《史学理论研究》,2004年第1期,第35—47页。

[25] 王雪玲:《唐代奢侈之风》,《唐都学刊》,1995年第5期,第20—22页。

[26] 成一农:《唐代的地缘政治结构》,《唐代地域结构与运作空间》,上海辞书出版社,2003年版,第8—59页。

[27] 李并成:《盛唐时期河西走廊的区位特点与开发》,《唐代地域结构与运作空间》,上海辞书出版社,2003年版,第60—

96页。

[28] 牛志平:《唐代厚葬之风》,《文博》,1993年第5期,第32—38页。

[29] 易禾:《从唐代考试中的舞弊方式看唐宋时期的社会变革》,《文史知识》,1994年第2期,第18—25期。

[30] 武复兴:《唐长安的市场和商业》,《西北大学学报(哲学社会科学版)》,1985年第2期,第41—43页。

[31] 戴顺祥:《唐宋时期城乡经济分配和消费关系浅论》,《云南民族学院学报(哲学社会科学版)》,1998年第3期,第45—48页。

[32] 陈衍德:《试论唐后期奢侈性消费的特点》,《中国社会经济史研究》,1990年第1期,第15—20页。

[33] 陈衍德:《唐后期奢侈性消费的社会影响》,《中国社会经济史研究》,1991年第2期,第15—20页。

[34] 赵克尧、冯东林:《论盛唐的工商业》,《浙江学刊》,1992年第2期,第114—118页。

[35] 吴晓亮:《从城市生活变化看唐宋社会的消费变迁》,《中国经济史研究》,2005年第4期,第79—87页。

五、学位论文

(一)博士学位论文

[1] 黄敬斌:《十八世纪以降江南居民的消费》,复旦大学,2006年。

[2] 魏华仙:《宋代消费经济若干问题研究》,河北大学,

2005年。

[3] 温乐平:《秦汉社会消费问题研究》,华中师范大学,2005年。

[4] 石小英:《8—10世纪敦煌尼僧研究》,兰州大学,2008年。

[5] 苏金花:《唐五代敦煌绿洲农业研究》,中国社会科学院研究生院,2002年。

(二)硕士学位论文

[1] 蔡秀敏:《唐代敦煌饮食文化研究》,中正大学,2003年。

[2] 丁双双:《唐宋时期民间的丧葬消费习俗》,河北师范大学,2002年。

[3] 王志胜:《唐代家庭收入初探》,曲阜师范大学,2002年。

[4] 张安福:《唐代家庭支出研究》,曲阜师范大学,2002年。

[5] 张洁:《唐代城市消费经济研究》,上海师范大学,2006年。

[6] 张自龙:《宋代上层社会消费研究》,陕西师范大学,2007年。

[7] 马翼:《唐代敦煌地区农民家庭收入若干问题研究》,武汉大学,2005年。

[8] 靳小龙:《唐代市场消费研究》,西北师范大学,2002年。

[9] 濮仲远:《唐宋时期民间信仰研究》,西北师范大学,2005年。

[10] 王祥伟:《九、十世纪敦煌佛教的民间社会关怀》,西北师范大学,2005年。

后　记

　　经过多年的努力，《唐宋时期敦煌社会消费研究》一书即将由甘肃人民出版社出版，对于我来讲，这是一件非常重要且幸运的事。

　　敦煌文献中大量有关物质生活和精神生活消费的文献，共同构成了唐宋时期区域基层社会消费状况。《唐宋时期敦煌社会消费研究》只是一个起点，是对于1000多年前普通百姓生活之门的轻叩，是一部对于唐宋时期敦煌社会消费生活研究的抛砖引玉之作。在这一领域探索的初始动因，皆源于自己的好奇心，以及对于敦煌的热爱。探索的过程，不容易；前进的征途，不平坦。

　　感谢陕西省社会科学院各位专家的严谨评审，使本书的选题得以顺利通过。感谢陕西省社会科学院科研处各位老师的辛勤工作，本书有幸获得出版资助。感谢甘肃人民出版社编辑的宝贵建议，使本书的出版能够顺利进行。感谢田澍教授、杨秀清研究员在学术上的帮助和指导！感谢学友杨发鹏、廖元琨、沙梅真对我探索之路的帮助！感谢至亲刘锦晨的支持！感谢家人的鼓励和陪伴！

感谢敦煌！

马燕云

癸卯夏　西安